フィールドは問う

越境するアジア

はじめに

　この冊子はアジア各地でフィールドワークをおこなっている研究者たちの成果集であり、フィールドワーク論でもあります。また、専門家から初学者に至る幅広い読者層を想定しています。

　読者としてまず想定されるのはアジア各地で調査をおこなっている専門家です。本書の内容はプロの目にかなうレベルにあるはずです。

　そして学部生・大学院生の皆さんにも勧めたいと思っています。特に、これからフィールドワークをしっかりおこない、単純ならざるこの世界・社会についてきちんと理解したいと思っている研究者（の卵）に読んでもらいたいのです。ここには参考になる内容が多々あるはずです。

　私たちの先端社会研究所では「他者問題」の解明を重視しています。ここで言う他者問題とは、もちろん、「他者から害を与えられるという問題」ではありません。私たちの社会では、ある人々を他者として「排除」することで自己（集団）を確立したり（自己像をはっきりさせるには、自己ならざる要素を見いだして切り捨てる必要があります）、他者（集団）と見なしてきた人々を（何か条件をつけて）自己の内部に「包摂」するといったことが多々あります。すなわち他者問題とは、この社会において自己／他者という二元的な関係を編成している「排除／包摂」というプロセスを意味しています。

　もっとも、現実の社会はもっと複雑です。排除／包摂のプロセスは二つの集団の間だけで生じるものではありません。排除／包摂が同時に、多面的に作用することもあります。簡単な例としては、集団Aが集団Bを「包摂」するために、共通の敵である集団Cを創り出して「排除」するという状況があります。こうしたことは決して珍しいものではありません。

　では、どこかのフィールドに出かければ、こうした状況がたちどころに理解できるのでしょうか。実際には、すぐには見いだせないものと思われます。集団Aにアプローチをし、そこから見た集団Bの姿について少しばかり理解できたとしても、反対の立場からすれば違った関係であるように見える可能性がありましょう。さらにある状況においては、集団A・Bと

いう区分それ自体が怪しいかもしれません。手慣れたフィールドワーカーでも（時には手慣れていればこそ）、予断を持って人々なり現象なりを見てしまうものであり、現象の複雑性を見落としてしまうこともありましょう。それを避けるには、自らの考えについて現実を踏まえながらあれこれと思いをめぐらせつつ、十分な時間をもってその場に自らを置く必要があります。そうすれば、「お前のフィールドワークはどれほど妥当なものなのか？」というように、フィールドの方から問いかけてくれるはずです。『フィールドは問う』のです。フィールドワークは調査者の一方的な実践ではありません。現実に少しでも近づこうと試みる充実したフィールドワークの経験は、社会科学にとって重要性を増しているはずです。

　先端社会研究所では2012年度から「アジアにおける公共社会論の構想——「排除」と「包摂」の二元論を超える社会調査」と題する研究を始めました。先に挙げた例のように、排除と包摂は同時に立ち現れることがありますし、もっと複雑な現れ方をするかもしれません。そのような現象について、激しく変容している現代のアジア各地を舞台にじっくり見てみるということが、現在の私たちの研究課題となっています。アジアには多くの人々が生活し、グローバリゼーションの影響を受けながら多数の集団が合従連衡を繰り返し、他方で歴史的な伝統が取り沙汰されてもいます。

　この冊子は四つの章から構成されています。それぞれの執筆者は本研究所の専任研究員とリサーチ・アシスタントであり、各分野ですでに業績を挙げている若手研究者たちです。いずれの章も、しっかりしたテーマ設定とフィールドワークに基づく成果です。地図中のA〜Dが各章の対象地となります。

　第1章の「流通の広域化と『肉売りカースト』」（中川加奈子）では、ネパールの首都カトマンズ（地図上のA）における「カドギ」と呼ばれるカーストの人々が扱われます。カドギは食肉を扱う「低層」のカーストとされてきましたが、近代的な屠畜・冷蔵技術や欧米的な認識の流入によって食肉産業の社会的な位置づけが変化しつつあり、それに合わせてカドギを取り巻く様々な他集団との関係もまた変わりつつあります。この章では、グローバルな観光現象や行政の対応といった社会状況の変化にも目配りした丁寧な

フィールドワークを通して、カドギというカーストや、カースト制度そのものが現代社会においてどのようにあるのかという問題を描いていきます。

第2章の「結婚が創ったカースト」(鈴木晋介)でもカーストに関するテーマが扱われます。場所はスリランカ (B) の中央州キャンディです。カーストとは排他的で固定的な社会的カテゴリーだと教えられたはずの者にとって、この章は衝撃的とも言える話から始まります。おそらく著者自身にも衝撃的な事例だったことでしょう。「閉じていたはずの異なるカースト同士が、結婚を通じてひとつのカーストになってしまった」。ここで扱われる対象は（著者自身も指摘するように）いささか特殊な状況下にあるとはいえ、もともとカースト制度に内在する親族をめぐる想像力や実践そのものが、カーストを「閉じないまとまり」として再生産していくという説明は、非常に興味深いものです。

第3章の「観光開発をめぐる歴史的文化遺産の真正性」(林梅)では、中国・雲南省 (C) の新平イ族タイ族自治県における観光開発における歴史文化の表象のなされ方がテーマとなります。この地を支配した李氏という地方豪族をめぐる郷土史には、現代の中国を指導する共産党の立場からは肯定し難い側面が含まれます。このとき、ローカルな歴史が「真正性」

を確保するために何が排除され、何が包摂され、何が矛盾として残るのか。本章はそうした点について詳細に描き出していきます。現代中国では政治体制はそのままに、1978年以降には改革開放による市場経済が導入されました。新たな経済政策の一環として「紅色旅游」と呼ばれる観光開発が各地で進められるなかで、現代中国のローカルな世界がどのように変貌してきたのかを知る上でも、本章は良い手がかりになると思われます。

第4章の「フィールドを歩く、出会う、考える、再解釈する」(川端浩平)では、日本の岡山県(D)で生活する在日コリアンをめぐる長期的なフィールドワークについて反省的に語られます。居酒屋を舞台にした「雪だるま式調査」では、多くの若い在日コリアンたちが自らのエスニック・アイデンティティを肯定的に捉える姿が確認されました。ところが著者は、そうした姿が韓流ブームなどの同時代的な社会的風潮の影響を受けたものであり、「当事者たちの日常的リアリティとは乖離」していた可能性に気づきます。著者は「流れ」と「渦」という概念を用いて、いかに動態的にフィールドを理解するかという問題について論じています。調査者自身も含め、私たちが動態的な世界に生きているということをいかに考えるべきか、フィールドが問うてきたのです。

最後に、改めて付け加えておきます。本研究所の名前にある「先端社会」とは「先端的な社会調査研究」の略語です。「先端的な社会調査研究とは何か?」という問いに答えるのは難しい問題ですが、どれだけ先端的な研究であったとしても、やはり充実したフィールドワークをおこなうことがその前提となるはずです。すでに何度も触れているように、自己と他者の関係を適切に扱うためのフィールドワークには十分な時間と粘りが必要なのです。

最後になりますが、先端社会研究所の活動をいつも支えて下さいます多くの方々に、この場を借りて厚く御礼申し上げます。

関西学院大学先端社会研究所所長
関西学院大学文学部教授

山口　覚

目次

はじめに
　　山口　覚 ———————————————— 3

第1章　流通の広域化と「肉売りカースト」
ネパールの食肉業に携わる人々の日常実践
　　中川加奈子 ———————————————— 9

第2章　結婚が創ったカースト
スリランカのエステート・タミルと「閉じないまとまり」
　　鈴木晋介 ———————————————— 35

第3章　観光開発をめぐる歴史的文化遺産の真正性
中国雲南省新平イ族タイ族自治県戛洒鎮を事例に
　　林　梅 ———————————————— 59

第4章　フィールドを歩く、出会う、考える、再解釈する
岡山でのフィールド調査を振り返って
　　川端浩平 ———————————————— 85

表紙写真
上から順番に

1 家畜市に水牛を連れて行くチャルワ（ネパール ジトプール）
 撮影 中川加奈子

2 プランテーションでゴム樹液を採取するエステート・タミル（スリランカ キャンディ）
 撮影 鈴木晋介

3 観光用にディスプレイされるワ族の伝統文化（中国 雲南省）
 撮影 林　梅

4 「記憶と風景のアートプロジェクト＠旧朝鮮学校」で制作されたソン・ジュンナン（Song, Jun-nam）のアート作品（日本 岡山県）

 「セットンカラー in 藤田」 2011/2012年
 H150 × W700 × D4550 cm
 鉄に油彩(600本・7色)、鉄部保護材
 撮影 中村智道

本文中の写真撮影
　第1章　中川加奈子
　第2章　鈴木晋介
　第3章　林　　梅
　第4章　中村智道

第1章
流通の広域化と「肉売りカースト」
ネパールの食肉業に携わる人々の日常実践

中川加奈子

1 はじめに

　本稿では、流通の広域化が、ネパールにおいて一定の地域での「カースト」間分業として特定の経済的活動を割り当てられた人々にどのような変化をもたらしたのか、食肉業に携わる人々の日常的実践の地平から明らかにする。

　ネパールにおいて、カースト制度は身分制度として社会集団を固定するかたちで作用してきた。しかしながら、ネパールは1990年、2006年と大規模な「民主化」運動を経験し、2008年5月にはヒンドゥー教を国教とする王国から世俗主義の連邦民主共和国に移行した。また、グローバル経済の波が押し寄せ急速に生活の近代化が進んでいる。こうして、カースト制度に象徴される従来の社会秩序・社会配置が市場経済原理のなかに巻き込まれる局面を迎えている。

　本稿で検討する食肉業に関しては、「カドギ[1]」と呼ばれる、首都カトマンズを故地とする「ネワール[2]」のひとつのカーストが、カーストにもとづく役割として家畜の屠畜・肉売りを主として担ってきた。ネワールのカー

スト制度について、石井溥は「居住する地域で他のカーストとの関係において上下に序列づけられた世襲的身分範疇である」としている［石井 1980］。カースト間分業のなかで特定の固定的な経済活動を割り当てられる人々は、「サービス・カースト」と呼ばれる。ネワール社会においても、その他のカースト制度を擁する南アジア社会においても、「サービス・カースト」の多くは、「低カースト民」もしくは「不可触民」とされてきた。カドギも、1854 年に制定されたネパールの「国定カースト序列」である「ムルキアイン」において、上位カーストが水を受け取れない「水不浄」カーストとされ、「低カースト民」と位置づけられた。

　1990 年以降、加速度的に市場経済が浸透しつつあるなか、地方農村部から現金収入を求めて首都カトマンズを含む都市部に移住する人々が増加している[3]。また、人口増加だけでなく、肉を食べる習慣そのものも国内に広く浸透しつつあるといえる。具体的に、ネパール農業協同組合省の調査によると、1990 年比で 2008 年の食肉の生産量は約 1.64 倍に急増している。そのなかで、とくに都市部において急増する食肉需要を賄うために、後に本稿のなかで論じるようにトラック等を用いてインドから家畜が輸入されるなど、広域での流通体系が形成されるようになった。カトマンズ盆地では食肉小売店が急増しており、ネパール政府当局の見積もり[4]によれば、2010 年現在で 3,300 軒程度の食肉小売店がある。

　では、地域に根差した生産・消費・流通の範囲が広域化することは、従来カーストにもとづいて経済活動を実施してきた人々の暮らしにどのような変化を与えたのだろうか。都市部のサービス・カーストたちの暮らしの変化については、とくにインドの不可触民を対象として研究されてきた［Chatterjee 1979, 1994, 篠田 1997］。そのなかで、都市の清掃人カーストがまとまって公務員に雇い替えされるなど、近代化を背景としてカーストを単位として新たな地位を獲得する人々の様相が報告されている。

　モノの流通の変化がサービス・カーストの暮らしをどのように変えてきたのかについて、押川文子はインドの皮革産業を対象とし、19 世紀以降から独立前後までにおける原皮の輸出や近代皮革産業の形成が、皮革の流通と皮革産業に従来携わってきた「不可触民」の生活にどのような変化を

もたらしたのかを検討している［押川 1995: 289-326］。小規模地域内で生産・流通・消費されてきた原皮は、19世紀末には50％を超える部分が輸出品となり、同時に国内の近代的皮革産業が発展した。こうして原皮の過半は村や小地域社会を超えて価値を持ち、広域輸送される商品となった。しかしながら、「不可触民」への抑圧は「不浄性」の象徴のひとつであった皮革との関連において残存した。つまり、原皮が商品化されるなかで「不可触民」カーストと皮革との関わりは、カースト規制にもとづく分業という性格を喪失しながらも引き継がれたのである。そして、「不可触民」は弱い立場にある原皮生産者として、新しい経済機会の有利な部分にはアクセスが困難な立場で、再編された経済構造の底辺に組み入れられた。押川は、産業分野の近代化は、従来は生産から加工に至るまで「不可触民」の領域であった皮革業の再編をもたらし、彼らをその底辺に追いやるものとなったと位置づけ、その理由として近代的皮革産業の中核部分が従来型のそれに比べて資本量や技術水準においても格段に異なる水準を擁したこと等を挙げている。

　押川が示したインドの植民地政府期の事例と比較して、現代という時代区分において、また、強力な中央集権を採っていた王制が廃止され政治的過渡期にあるネパールという地域において、流通体系の広域化は、従来それに携わるサービス・カーストの人々の生活にどのような変化をもたらすのだろうか。

　石井はネワール村落における1970年から1996年までの調査データを経年比較し、市場経済の影響に伴い、とくにサービス業に従事するカーストが、カーストにもとづいた仕事を再開する傾向にあること等を報告しつつ［Ishii 2007］、カースト間関係が「伝統的なカースト間の相互依存関係ではなく、市場経済に仲介されたカーストにもとづいた仕事の区分」へと変容しつつあることを指摘している［Ishii 2007: 126］。つまり、地域社会関係のなかに埋め込まれていた従来のカースト役割は、市場経済に巻き込まれるかたちで地域から離床し、経済的な機会を獲得するための資源として、いったん市場に仲介されたかたちで、地域のなかに「埋め戻し」がされているといえるだろう。

本稿においては、食肉流通の広域化において、生産者、仲介者、解体・加工業者、小売業者など、これに携わる様々なアクターとして誰がどのように取り込まれ、どのような生活の変化がもたらされているのかを、カドギを中心に、市場化の具体的なプロセスを追いながら明らかにしていきたい。やや先取りすると、カースト役割としてではなく、近代的な職業として肉売りを営むカドギたちが現れるなど、価値観の変化が明らかになる。そこにおいては、押川が指摘したような従来の価値観やそれに伴うスティグマが残存しそれが人々をさらなる貧困や抑圧へと追いやるという動きは、あまり見られない。ではなぜ、この違いが可能になったのだろうか。

　以下、家畜の仕入れ、解体・加工、小売店での販売といった具体的な肉の流通の広域化のプロセスと、食肉流通に従来携わってきたカドギと、カドギ以外の新規参入者がこれにどのように関わっているのかを素描していきたい。具体的に、2節ではネパールに家畜が連れてこられる玄関口である国境沿いの家畜市において、市場の広域化によって出会うこととなったムスリム仲買人とカドギとの関係等について記述する。続いて3節においては、食肉加工や解体作業において、企業における冷凍技術や近代的な大規模屠場の導入、行政などによる技術訓練などを経て近代化されつつある食肉市場の様相を記述する。4節においては、肉の小売店が設置される場所の変遷と、対面式販売を伴わない冷凍肉の販売の動向をもとに、「近代的な商品」としての肉の小売とそれを取り巻く消費者意識の変化などについて検討する。5節においては、カドギたちの仕事観の変化を、とくにカーストと切り離したビジネスとして肉売りに取り組んでいる3人のカドギの事例から捉える。最後に6節で小括をおこない、事例から展望できる示唆について考察を加えたい。なお、本稿に登場する仮名の人物はすべてカドギ・カーストに属する。

2　家畜の仕入れ　国境沿いの家畜市とムスリム仲買人との関係

　ネパールにおいて食肉流通体系は、主に1980年代ごろに運搬にトラッ

クが用いられるようになったことにより広域化された。流通体系は家畜ごとに異なっており、水牛とヤギは主にインドから、鶏と豚はネパール国内の養鶏所や農家から、カトマンズに流入する。

　水牛は、ほぼ100％インドからトラックで輸入されている。水牛家畜市はインド／ネパールの国境沿いに点在しており、水牛がネパールに運びこまれる最初の玄関口となっている。水牛定期市のなかで最古かつ最大であるジトプール定期市は、インド／ネパールの国境まで車で約1時間、カトマンズ盆地からは車で約5時間の場所に位置する。ジトプールの水牛定期市の歴史は長く、開設されたのは20世紀初頭であるという。当時は徒歩での運搬が中心であり、ここを介しての流通が増えたのは、とくに「民主化」運動を経て多くの人口がカトマンズに流入した1990年以降といわれる。2011年現在、ジトプール定期市で買われた水牛は、約80％がカトマンズ市場向けである。

　ジトプールの水牛市では、オフシーズンには1日当たり300〜500頭、メインシーズンである夏には1日当たり1,200〜1,500頭の水牛が取引されている。2011年現在、週2回の市が立つ。訪問した2011年3月はオフシーズンであったが、それでも水牛を受け取りにきた大型トラックが市の隅に20〜25台程度停まっていた。市のそばに銀行が設置されていて、売り手や買い手などの業者たちは、金を預けることとなっている。水牛の主な買い手であるカドギたちのなかにはこの定期市付近に住んでいる者もいるが、カドギたちの事務所があるというわけではない。売買は、定期市における売り手と買い手との間での直接的な価格交渉と、銀行での金銭のやり取りによって成り立っており、市で直接現金を手渡すようなことはない。カドギたちは、前日深夜にカトマンズを出発して早朝に市に到着し、午前中に市での買い付けを終えると、日帰りでカトマンズ盆地に戻っていく。

　ジトプール水牛定期市に水牛を連れてくる売り手の約7割がムスリムである。彼らは「テキダール（仲介業者）」と呼ばれており、100名程度のテキダールが定期的にこの市に出入りしている。テキダールはインド側、ネパール側の農村に買い付けに行って、仲介料金として1頭当たり500ル

写真1　国境沿いの家畜市の動向

ピー程度を上乗せして市で売っている。売り手の残りが近郊の農民たちである。近郊の農民たちのなかにはネパール人もいればインド人もおり、自分で育てた水牛を連れてくることもあれば、仲介料金を取って近隣の農村から連れてくることもある。連れてくる頭数には1〜20頭と幅があるが、5頭前後を連れてくるテキダールの割合が多い。

　水牛の運搬にトラックが用いられるまでは、ジトプールで購入された水牛は、徒歩で4日かけてカトマンズに運びこまれていた。運搬人は、「チャルワ」と呼ばれている。ジトプールからカトマンズまでのちょうど中間地点にあたるビンペリ村まで、チャルワはムスリム商人が担い、ビンペリ村からカトマンズ盆地までは、付近に住むグルン族やタマン族などの先住民族、そしてバラミ[7]というネワールのカースト等が運んでくる。売買の仕組みとして、水牛の購入費用に運搬費を加えたものを、カドギがテキダールに支払う。水牛の運搬にトラックが用いられるようになった後にも、荷台にいる水牛たちに餌や水を与えるための世話係が1台当たり1人ついている。そして、この世話係に対して運搬人という意味の「チャルワ」

という呼び方が今も続いている。2011年現在、1回運搬するとチャルワ1人当たり500ルピー程度が支払われる。チャルワは、定期市とカトマンズを結ぶハイウェイ沿いに住む、タマン族、グルン族らが担っていることが多い。

　売買の現場でのやり取りは、主にジトプール付近の住民の母語であるボジュプリ語とヒンディー語でおこなわれる。小型の水牛は、1万ルピー程度、大型のものになると4万ルピーのものもある。声に出してやり取りをしていると値段が周囲の買い手に聞かれて交渉に不利になるので、時には袖の中で指を握って、その本数で値段の交渉をすることがある。ムスリムの仲介人は、筆者に対して、「ここでは、レートがない。ヒンディー語もあるし、ボジュプリ語もあるし、ネパール語もある。売る人も買う人もいる。本当のことを言う人もいるし、嘘を言う人もいる」と語る。交渉次第で1万ルピー前後の差額が生じることもあるという。家畜定期市では、重さや肉質などの規格や指標ではなく、水牛の見た目やそれを売っている人とのやり取りを通して、どの水牛をどの値段で買うのか、その場その場で判断がなされている。

　売買が成立しトラックに乗せられた水牛は、ジトプールから北に8キロ進んだところにあるパティリヤという場所で、獣医による健康状態のチェックを受ける。健康診断は、トラックの荷台にいる水牛を一瞥したうえで、チェック済みであるという証明書を業者に渡すという方法が採られている。1頭ずつ水牛の健康状態を細かくチェックするようなことはない。

　以上のように、家畜定期市には、インドから家畜を連れてくるムスリムを中心としたテキダール、主な買い手であるカドギたち、そして家畜を運搬するタマン族やグルン族、バラミなどチャルワ等が従事している。また、ここでの人々の関係性は流動性も備えており、交渉次第で値段が変わるなど、その場限りのやり取りがおこなわれている。

3　食肉加工・解体作業の近代化

　前節の定期市とは対照的に、家畜が大都市カトマンズに運びこまれてからは、その市場はグローバル・スタンダードに編成されつつある。外国人観光客の増加や、安全で衛生的な肉を求める消費者の声が高まりつつあることがその背景に見て取れる。具体的に、本節では、3-1 において近代的な経営者による技術革新について、3-2 において行政による食肉市場近代化事業について見ていきたい。

3-1　企業による技術革新

冷凍肉の導入

　ネパールでの冷凍肉の販売は、カドギの 60 代男性、ディリ・ラムさんが始めた。[8] ディリさんは 1970 年代より、町の中心部にて水牛肉のほかに、当時では珍しいヤギや鶏の肉を売っていた。1970 年代前半頃、カトマンズにネパール初の 5 ツ星ホテルができたとき営業に出向いて交渉に成功し、ホテルで肉を買ってもらえることになった。当時、ネパールを訪れる外国人観光客は急増傾向にあった。1970 年代当時、5 ツ星ホテルには、外国人観光客への食事提供用に冷凍していないヤギ肉、鶏肉、水牛肉を卸しており、ホテルだけで 1 日当たり地鶏肉 1,000 キロ、ヤギ 300 キロ、水牛 200 キロの売り上げがあったという。

　1975 年にホテルでの取引相手であるインド人から、冷凍肉のほうが売れると助言をもらったことを受け、ディリさんは中国から冷凍庫を買って冷凍肉を扱い始めた。これがネパールで最初の冷凍肉となる。その後、ディリさんはホテルの客から要請を受け、1980 年からカルカッタ（現在のコルカタ）経由でシーフードを冷凍輸入しネパールに卸売りをする仕事を始めた。1970 年代後半からはタメル、ポカラ、ソウラハなどの外国人観光客が滞在する場所のレストランにも肉を供給し始めた。1975 年には、タメルのステーキレストランにも出資した。ここで扱うステーキは、ネパールでは宗教上の理由で食べることを避けられている牛肉である。こ

れも、コルカタから冷凍牛肉として輸入させたものである。2005年よりはスーパーマーケットへの卸売りも始めた。鶏肉・魚はバンコクからコルカタ経由で、ヤギ肉はインドから、それぞれ冷凍したものを検疫等の公式な手続きを経て輸入している。水牛肉はカドギの屠場で解体したものを冷凍している。

　顧客層は観光客、スーパーマーケットを利用する外国人や富裕層が中心である。2010年現在、地元の消費者の多くは冷凍していない肉を買っているが、食の安全にこだわるネパール人の新中間層も増えつつあるという。ディリさんの工場にはショールームも整備されている。また、ネパールの大手銀行が発行する雑誌に、「成功したビジネスマン」としてディリさんが紹介されており、その写真と紹介記事をショールームに飾って訪問する客に見せている。

　ここで見たように、冷凍肉がネパールで流通するようになったことのひとつの要因には、1970年代ごろからのネパール観光ブームがあった。これらの冷凍肉は通関などのチェックを経由して品質管理がされ、流通している。同様に、一部のレストランでは牛肉が提供されるなど、外国人観光客のためにできた市場は、これまでの宗教上の規範を超える動きさえ見せている。冷凍肉の顧客層は、外国人や富裕層が客の中心であったが、健康志向のネパール人の顧客も見られるようになっている。つまり、消費者の間で、規格化や、健康という基準に沿ったものを望む声が高まってきているのだ。

大規模屠場の整備

　ブロイラーと冷凍鶏肉については、大手3社がカトマンズ近郊の農村に点在する養鶏場を取りまとめ、その流通の中枢を担っている。このうち最大手のK社ではブロイラーの販売を1981年から始めた。オーナーはカドギではなく、ヒンドゥーの上位カーストであるバウンとチェットリ、そしてネワールの上位カーストであるシェショーの3人である。企業として登録したのは1984年であった。

　開業当時は、同業者はほとんどおらず、自分たちで試行錯誤しながらブ

ロイラー生産と販売を始めたという。その理由をオーナーに尋ねると、「水牛は解体などが難しいが、養鶏は始めるのはわりと簡単だ。また、ブロイラーは絶対に儲かると思っていた」という答えが返ってきた。当時は、カトマンズではダイエットに取り組む人々が増えるなど健康志向が高まり始め、安全かつ低カロリーであると見なされた鶏肉が売れるようになったという。3人は事業開始と同時に、「鶏肉は安全で値段も安い」と広告をした。始めた途端、「人が列をなして並んだ」という。

1980年代当初のカトマンズにおいて、鶏肉の小売店は、地鶏を扱う10〜12軒ほどだけだった。ブロイラー生産によって大量の供給が可能となった現在、1,000軒程度の鶏肉の小売店が形成されている。養鶏業者には、カトマンズ盆地近郊に住むタマン族などが多い。小売店店主にはカドギが多いが、近年はムスリムやチェットリたちのなかからも、新規参入する人々が増えつつあるという。

彼らが「チキン・ファクトリー」と呼ぶ近代的な鶏の大規模屠場は、バラジュというカトマンズ北部の郊外に位置している。大型家畜である水牛は、屠畜にある程度の技術が必要とされており、カドギたちが独占的に屠畜解体をしているが、小型である鶏やヤギに関しては、新規に参入した他カーストやムスリムの人々の場合でも、店頭で屠畜解体される。「チキン・ファクトリー」は、これまで店頭で実施されていた鶏の屠畜を工場の中で、コンベアーなど近代的な技術を用いて集約して実施することを大きな狙いとして造られた。これまで既に4度にわたって機械の改良を加えており、大部分はフィリピン製のものを輸入して用いている。また、工場の入り口に花を植えて、近隣住民によいイメージをもってもらうようにしている。従業員は工場に入る前には、荷物を預けて携帯や貴重品なども一切工場に持ち込まないようにしており、作業服に着替えて消毒した後で作業に向かうこととなっている。

ブロイラーは、トラックに載せられて運ばれてくる。電気ショックで気絶させた後、吊るして首を切って放血する。放血作業をする部屋は、壁を造って外気との接触を遮断している。そうすることで、病気などが発生しても外に蔓延することを防いでいる。その後、クレーンで次の茹でる工程

へ運ばれ、そこで羽をむしり取る。この工程では、1時間当たり1,500羽の処理をするキャパシティがある。工場の2階には、ソーセージやスモーク加工などの加工のための設備があり、品質管理の専門家が常駐し、工場として記録をとるために肉の状態をチェックしている。

　従業員は、工場が郊外にあることもあり、カトマンズ盆地外の村から出稼ぎに来ている人々が多い。さまざまなカースト、民族の人々が働いている。工場近くには事務所ビルが建っている。応対してくれたマネージャーは、3人の創業者との血縁関係はなく、大学を卒業し採用試験に合格して入社した人物である。マネージャーは、コンピューターを用いて在庫管理などをおこなっている。

　ブロイラー事業は、消費者意識の変化をうまく捉えて成功しているといえる。「チキン・ファクトリー」では、海外から輸入した機械を用いて、一度に大量の処理と加工が可能となっている。そして、こうしたグローバル規格にのっとった新しい市場は、これまで血縁関係などをベースに動いていた雇用関係にも変化をもたらしている。

　以上、3-1で検討してきたように、冷凍技術や「ファクトリー」などの近代技術は、一部の資本家を形成することにもつながっている。市場経済の勝者が財を成すというシンプルな競争の原理が、技術投資を促している。そして、勝者である一部の資本家と勝者に雇われる労働者という、二層的な経営形態も、同時に生まれたといえる。

3-2　政府による食肉市場近代化への働きかけ

　本節では、カドギたちがこれまで独占してきた水牛市場に、食肉市場近代化事業を通して、近年、カドギたちがどのように働きかけているのかを検討する。以下、行政による水牛の屠場での技術指導、小売店に対する啓発事業の様相を記述していきたい。

屠場での技術指導

　水牛の屠殺は、これまで、カドギの家の軒先や、河原、道端などの屋外でおこなわれてきた。カドギたちが営む従来の屠場は、カトマンズ盆地に

約100カ所程度存在するとされる。2000年代初頭、政府は1日当たり250頭程度の解体処理が可能な近代的な大規模屠場を郊外に建設し、そこへ屠畜解体作業を移行することを図った。しかしながら、カドギたちが雇い替えに難色を示したこと等を受けこの屠場が閉鎖に追い込まれるなど、この計画は失敗におわった。代替案として、政府は「コミュニティ・ベース」と呼ばれるメンバー間でシェアを有する経営形態での中規模の屠場の整備・活用に路線変更している。2010年には政府は、カトマンズ盆地のカドギの集住地を中心とした11カ所にコミュニティ・ベースでコンクリートの建物でできた屠場を設立する計画を示し、2012年現在、この計画の実行段階に入っている。

　同時に、カドギの間でも、中規模屠場の設立の必要性を自覚する人々が増えてきた。その理由として、カドギ自身の衛生観念の変化が挙げられる。大規模屠場建設をめぐって政府とカドギたちとの間の交渉が続いていた際、マスコミが、カドギたちが川沿いで汚い水で肉を洗っているとセンセーショナルに報道したことがあった。その結果、肉が売れなくなるなど、営業活動に損害を被った者が生じ、カドギたちの間でも衛生管理の重要性に気づく者が増えてきているのである。もうひとつの理由として、カドギたち自身も、大規模屠場において経営者と労働者との間の格差ができてしまうことを危惧していることも挙げられる。独占形態にならないよう個々のメンバーが一定のシェアを持ち、共同経営する形態が望ましいと見なしているのだ。

　では、このコミュニティ・ベースの屠場はどのように運用され、行政はどのように衛生指導にかかわっているのだろうか。以下、2011年3月に実施された行政主催のモデル屠場での技術訓練の参与観察にもとづき、この点について検討していく。

　モデル屠場は2010年、カトマンズ盆地を縦断するビシュヌマティ川と横断するバグマティ川の合流地点付近にある、カドギたちの居住区であるヒューマットに設立された。この屠場は、カドギの13世帯によって共同で利用されている。この屠場を利用するカドギたちは、もともと河原などの野外や、自宅の裏で屠畜をしていた。ヒューマットの共同屠場は、総額

500万ルピー程度が費やされて建設された。うち、カドギたちの13の業者が10％、それ以外の部分が海外NGO4機関、カトマンズ市役所による共同出資である。

　ここでは1頭を屠畜するたびに、施設使用料として50ルピーを運営基金に入れている。また、屠畜後の骨から鶏などの飼料を作っているが、その利益も基金に入れている。1日当たり30頭前後が屠畜解体されているので、1日当たり1,500ルピー程度が基金に入ることになる。これを屠場の改善やメンテナンスのための経費にしており、この基金から女性の掃除人2名を雇用している。ここで働く従業員は70人程度である。カドギもいるが、カドギが雇ったムスリムや北インドから移住してきたマデシたち、タマン族なども屠夫として働いている。腸を洗うために、女性も2人ここで働いている。この屠場で働く従業員のうち、女性は上述の掃除人とこの2名の計4名であり、あとは男性である。

　屠場は早朝1時、2時頃から稼働する。朝7時頃に作業を終えて、切った肉を肉屋に持っていく。建物の中に入ると、床面に2列の溝が縦に走っており、1列につき7頭ずつ、全部で14頭の水牛の解体が同時にできるようになっている。床は、真ん中がややせりあがった形になっており、放血後の血液が溝を伝って縁に走っている溝に集まるようになっている。

　行政による技術訓練プログラムの内容は座学が中心である。まず、パワーポイントを屠場の壁に映し出しながら、政府に雇われている獣医による屠殺に関する医学衛生学的なリスクの説明があり、続いてリスクを減らすためにどのような方法が望ましいのかについての講義がおこなわれる。講義の後、軽食がふるまわれるとともに、ヘルメット、ジャケット、ズボン、長靴などが、カドギたちに供与された。参加者は、屠場従業人50名程度と、海外NGO、市役所関係者等である。

　講義では、海外の近代的な屠場の写真をパワーポイントで見せながら、どのような改善が可能であるのかについての解説があった。たとえば、水牛の飼育環境もしっかり見極めないといけない、屠畜や店頭に肉を置く際、ホコリやごみがつかないようにする必要がある等の指摘がされた。なかでも、屠畜に際しては、政府に登録した決められた場所でおこなう必要

性が強調され、家での屠畜は避けるべきであると指導された。
　その後、屠畜プロセスを書いた図に沿っての説明が始まる。まず、水牛は屠畜の24時間前から屠場につないでおくことが望ましく、屠畜前の12時間は餌を与えてはいけないという指摘があった。そして、この24時間の内に、水牛が病気かどうかチェックする必要がある。屠畜の際には、「動物にも権利がある」ことから、気絶させてから放血するよう指導があった。放血は逆さに吊るしてすることとされており、血が抜けているほど、肉は安全となるとされた。「血液は細菌などを多く含んでいて危ない」ので、すぐに建物の外に流し出す必要があるという。
　肉を各部位に分離するときには、皮、内臓、頭、肉の四つの部位に分ける必要があり、皮の剥離作業をより能率的・衛生的におこなうために吊るしておこなうことが望ましく、そのためのレーンを造るよう呼びかけがあった。続いて、頭と足を外し、その後内臓をはがす。また、肉を洗うときには、川の水ではなく飲料水で流すこととしている。工程の最後に、冷凍庫に入れることが望ましいとされた。冷凍したら、その日のうちに売り切らなくてもよくなり、輸出することさえも可能になるという。さらに、小売店では、サーロイン、フィレなど、どの部位の肉かということを明記して、部位ごとに価格を付けるとよいだろうとも付言された。プログラムの最後に講師から、消費者から「ヒューマットで作った肉はよい肉だ」と評判を得ることができれば、売上にもつながるので、ぜひ衛生改善に積極的に取り組んでほしいという呼びかけがされた。
　以上のように、水牛の屠場において、行政により衛生改善に向けた啓発運動が積極的になされている。行政による指導は、屠畜前の家畜の管理方法、屠畜の場所、放血の方法、店頭での販売方法など、食肉の解体から販売までの一連の作業に関わるものであった。行政が指導している屠畜技法は、カドギのこれまでのカーストにもとづいた供犠用の屠殺の技法と大きく異なっている。訓練の場面においては、「家畜は気絶させてから切ること」とされ、また、「動物にも権利はある」「逆さに吊るして、完全に血液を出すこと」「血液には、細菌がたくさんあるので危ない」とされているが、従来カースト役割として実践されてきた供犠においては、犠牲獣の血

液は神々に捧げるために、水牛の頸動脈を切り出して、神像やお堂に噴きかける必要があるからだ。また、これまでは肝臓、脾臓などの赤い内臓は肉と混ぜて同じ価格で売られていたが、ここでは肉と内臓を分けることと、肉も部位ごとに価格を付けて売ることが提言されている。カースト役割として従来おこなってきた屠殺や販売方法と大きく異なった技法が、行政により直接カドギたちに指導され始めているといえるだろう。

小売店への近代装備の供与

小売店に対しても、政府による近代装備の供与などを中心とした衛生改善事業が進められている。従来の小売店は、中央部分が少しくぼんだ床のくぼみの部分に肉塊を置き、客に必要な量を伝えられると、切り分けて天秤量りで重さを量って渡していた。行政は、衛生状況を改善するべく肉を床に直接置かないように呼びかけ、テーブルの使用と肉を保存しておくための冷蔵庫の設置を推奨している。

2011年にはカトマンズ市役所より、冷凍庫、スティール・テーブル、デジタル計量機のセットを24カ所のモデル店舗に供与された。この事業の担当窓口になっているのは、カトマンズのカドギが中心になって形成された食肉協同組合である。協同組合は対象店舗の公募と選定、必要なガイダンスやフォローアップなどをおこなっている。協同組合のメンバーには、小売店の設備に積極的に投資するような意識が高い者が多く、衛生的な肉を求める消費者の需要に応えることにビジネス・チャンスがあるということを自覚している。小売店の間においても、冷蔵庫などの最新設備への投資を積極的におこない、行政の呼びかけに敏感に反応する者と、従来の形式での販売を続ける者との二極化が進んでいる。

4　小売店形態の変遷と消費者層の変化

以上のような技術革新や行政による近代化事業等を背景に、食肉の小売業の形態はどのように変遷し、消費者層はどのように変化してきたのだろ

うか。以下、小売店の設置される場所の変遷と、それぞれの消費者層の違い等に注目しながら記述する。

4-1　店舗の変遷　職住一体型からバザールへ

　カトマンズ盆地の中心部にあるラリトプル市において約 50 年間水牛の小売に従事してきた 60 代男性スーバさん[10]は、父親が亡くなり自分が現金を稼ぐ必要が生じたため、1961 年にそれまで従事していた小作農をやめて肉の小売を自宅の軒先で始めた。開始当初は競合する肉屋も少なく、1 週間で 50 ～ 80 頭程度の水牛の肉を売っていたという。しかしながら、1980 年ごろからカトマンズ盆地の市街地内に点在するようなかたちでつくられた「タルカリバザール」と呼ばれる市営の野外バザールに肉屋の店舗が集まるようになり、顧客が奪われ始めた。以降、スーバさんの売り上げは、1 週間に 5 頭分前後にまで減少し、地元の固定客だけを相手に肉を売るようになっている。

　ラリトプル市で肉屋を営む 70 代男性アキールさん[11]は、家の軒先で肉を売っていたが、1980 年頃から「タルカリバザール」に店舗を借りている。開店当初はバザールでは肉屋は自分だけだったという。そのときは 1 日 200 ～ 300 キロの肉が売れていた。水牛は、近所に住む親族 5 世帯ほどで金を出し合ってトラックを送り、国境沿いの定期市で直接買っている。1 週間ごとにトラック 1 台を定期市に派遣し、17 ～ 20 頭の水牛を買い付ける。買い付けた水牛は、それぞれの家で 3 ～ 4 頭程度ずつ分配する。アキールさんは、「バザールだと、軒先で売っているときに比べて売り上げの変動が少なく、一定した量での商売ができるのでやりやすい」と語る。

　2012 年現在、これら「タルカリバザール」と呼ばれる野営の市場の客足も減ってきているという。今度は、郊外に 2000 年頃にできた、彼らが「モール」と呼ぶアーケード付きのバザールに客足が奪われ始めたのだ。最大の「モール」は、南端のラガンケルに 2006 年に開催された。ここでは、モール全体で 1 日当たり、80 万～ 90 万ルピーの売り上げがあるという[12]。ラガンケルにはラリトプル最大のバスターミナルがあり、ここにはラリトプル市だけでなく、近隣の農村からもバスに乗って食糧を買いにく

る。テナント料は、1日当たり50ルピーであり、1月当たり1,500ルピー程度を各店舗が支払うこととなっている。全84軒の店舗のうち、事務所が1軒、警備会社が1軒入っており、肉・魚屋はバザール開設当時から変わらず7軒入っている。

7軒の肉屋の内訳は、水牛肉2店舗、豚肉・イノシシ肉1店舗、ヤギ肉と鶏肉2店舗、ヤギ肉、鶏肉と魚を扱う店が1店舗、魚屋は1店舗である。魚屋はインド系の移民が経営しており、それ以外の店舗の店主はカドギであった。うち、すべての店の壁にはタイルが貼ってあり、冷蔵庫も設置されている。

「モール」に出店する水牛肉屋の店主の60代男性アルジュンさんによると、1日当たり5頭分程度の肉が売れるという。店は、朝7時半に開店し、夜18時に閉店している。水牛の調達ルートは、国境沿いの定期市にトラックを送って買い付けており、1日当たり10〜15頭程度を、自宅があるカンケショリ地区において親族が屠殺する。卸売もおこなっており、肉の一部を親族の小売店に渡しているという。親族は、1日当たり10〜15頭の水牛を屠殺しており、アルジュンさんの店に卸した分の残り5〜7頭分の肉は、弟と息子が自宅近くの小売店で売っている。

「モール」において豚肉とイノシシ肉を扱う50代男性クベルさんは、1日当たり、40〜80キロ程度の肉を売っている。1kg当たりの粗利益は30ルピー前後となっており、1日当たり1,200〜2,400ルピー程度の利益が出ることとなる。2005年頃に、クベルさんは売れ残った肉を保存するために冷蔵庫を設置した。豚肉を扱う店はそれほど多くないので、近隣住民以外の人々もバスに乗って買いに来る。調査中も、タクシーに乗って韓国人が買いに来ていた。豚を取り寄せているのは近くの農家からで、1軒だけだと間に合わないので、複数軒の農家を回って買い集めているという。カドギから買うこともあれば、タマンなど他民族が育てたものを買い取ることもあるという。

以上の小売店の変化を小括すると、従来は、家の軒先で床に置いた肉を量り売りする形態が中心的であり、肉屋はカドギの居住地区付近に多く見られた。これが、1980年代に街の中心部に形成された野外の「タルカリ

写真2 「モール」の様子

バザール」に移行し、続いて2000年代に郊外の交通の要所に形成された「モール」と呼ばれるアーケード付の市営バザールへと、小売店の置かれる場所が移行しつつある。しかしながら、小売店では対面販売が中心であり、消費者は、カドギのトゥワであれ、「タルカリバザール」であれ、「モール」であれ、毎回顔なじみの店主がいる同じ店で購入することが多い。

4-2 スーパーマーケットの出現と変わる消費者意識

　2000年代以降、「スーパーマーケット」と呼ばれる、食料品から衣類、電化製品までを扱う、数階建ての大規模な店舗がカトマンズ盆地中心部において乱立するようになった。スーパーマーケット経営は、退役グルカ兵など海外滞在経験をもつものが中心となっている。外国人やネパール人富裕層は、車で乗りつけることができ一度にたくさんのものを購入することができるスーパーマーケットで買い物をするようになった。

　また、外国人消費者は肉を買う際、一見して不衛生とわかり、かつ英語が伝わりにくい店主とコミュニケーションをおこなう必要がある対面販売

の肉屋で買うことを避けるためにも、スーパーマーケットを利用することが多い。そこでは、消費者が各自、冷凍庫の中に入っている値段が表記されパックされた冷凍肉を手にとってレジに持っていく方式で販売される。

一方で、カドギの間では、これらスーパーマーケットに、冷凍していない生の肉を対面販売するための店舗を出店する計画があがっている。前述のカドギの食肉業協同組合は、店舗として肉屋が入ることで、衛生的で健康的な肉屋のモデルをつくろうという試みを始めた。協同組合の代表は「きれいな肉屋ができて消費者がそこで肉を買い始めたら、もともとあった不衛生な肉屋に客が来なくなるだろう。そうすると、もともとの肉屋も消費者を取り戻すために何が必要か必死で考えて、自分たちでなんとかそれを改善していくよ」と、その見解を述べている[13]。

5 「肉売り」の捉え返し

2011年、若手の著名政治家が肉屋を開店したことが、新聞やテレビで大きく報じられた。これまで、肉屋は新規参入する人々が増えてきたとはいえ、カドギなど一部のカーストの仕事であると思われていた。この政治家の参入により、「有名人でもサイドビジネスとして肉を売るようになった」と、人々の注目を集めたのである。ここまで見てきたような、技術革新や衛生指導、消費者意識の変化を受けて、「肉売り」という仕事の捉え方はどのように変化しているのだろうか。最後に、消費者意識の変化に敏感に反応しながら商売で成功を収めた、3人のカドギの例から検討していきたい。

5-1 働くことへの意識の変化

調査当時30代前半であったリケシュさんは、1995年に鶏肉屋を始めた[14]。当時は、7,000ルピーを払って、小屋とそこで仕事をする権利をその周辺の商売を取り仕切っている人物から買い取った。2005年に今度は正式に土地を借りて、非公式である小屋での販売から、公式な店舗に移動し

た。2010年には、鶏の羽をむしる機械などが入った衛生的な小売店への改装をおこなった。

　リケシュさんは、7年前に韓国に出稼ぎに行こうとして韓国語を勉強した。しかしながら、人材派遣会社から、渡航のために60万ルピーが必要だと聞かされた。「大金を払って苦労するなら、同じ苦労をネパールでしたらいいのではないか」と、リケシュさんは働くことへの意識を変化させた。それからは少しでも事業が拡大するように、熱意をもって肉売りの仕事に打ちこむようになったという。

　このリケシュさんのエピソードから、肉の小売店を営むことは、彼にとっては韓国に出稼ぎに出ることと同じく「働く」ということであり、もう「カースト」とは直接結びつけられていないことがわかる。市場原理のなかで、金を稼ぐために勤勉に働き、常に事業拡大を図って上昇していこうとする彼の働くことへの意識の変化が垣間見える。

5-2　個人ベースでの事業拡大

　新興のビジネス・ショッピングの中心地であるナヤバネショールには、肉屋の小売店の大きなビルが建っている。30代男性のバブ・ラムさんは、このビルのオーナーである[15]。バブ・ラムさんが開店したのは2000年頃からであり、開店当初は、ヤギと鶏の肉だけを売っていた。2003年頃から水牛肉も扱うようになった。

　2007年頃、バブ・ラムさんは大幅に店を改造して冷蔵庫を備えた衛生的なものにした。水牛を冷凍して売る形式もソーセージやハムなどの加工製品の販売も、この時期に始めた。顧客は近隣住民が多いが、外国人も買いに来るという。水牛の肉は1日当たり10〜12キロ程度売れる。親族が解体した肉を受け取って、店内で冷凍加工をする。鶏肉は業者からブロイラーを買っている。1日当たり400キロ程度売れている。鶏は生きたまま連れてきて店に併設されている地下室で屠殺解体している。ヤギは家畜市で生きたものを買っている。1日当たり70キロ程度売れているという。これも、店に併設されている地下室で屠殺している。

　このような近代的な経営方針について、どうやってアイディアを得たの

かと問いかけたところ、「とにかくその場その場で対応しているうちにここまで来たよ、ただそれだけだよ」と答えてくれた。とくに誰かに教わったわけでもなく、顧客とのやり取りのなかでヒントを得て、徐々にビジネスを拡大していったのだという。

　バブ・ラムさんは、多くの肉屋が休業する、従来ヒンドゥー教では殺生することが好ましくないとされるエカダシ[16]という月周りでも、営業している。店の形態としては、入り口のそばに、冷凍した製品を入れる冷凍庫が3台並んでいる。冷蔵庫の中にはソーセージ等が入っている。その横には、商品名一覧が載ったメニュー表が掲げられている。入り口から向かって左に受付カウンターがある。ここで、代金を払う仕組みになっている。レジが設置されていて、レシートを受け取ることができる。入り口から向かって右側に、放血し茹でて羽をむしった状態の鶏肉を乗せたテーブルがあり、従業員が2人、客の注文に応じて肉を切り分けている。従業員は、店名が書かれた黒いエプロンと青いシャツという揃いのユニフォームを着用している。客は「チキンを5キロ」等、口頭で注文し、店員は注文に応じて肉を切り、切り取られた肉を客が受付に持っていく仕組みになっている。向かって左側には、ヤギ肉のテーブルがある。これも、放血し茹でて毛を削り落とした後のヤギが並んでいる。同じくエプロンを着用した従業員が1人、包丁で肉をぶつ切りにしている。

　オーナーから名刺を受け取ったが、名刺にはカーストがわかる苗字までは書いていない。会話をしているなかで、カドギであると語ってくれた。この店は大変繁盛しているが、周りの肉売りたちは、このオーナーがカドギであることを知らない。バブ・ラムさんは、協同組合などで集団として活動する他のカドギたちとは少し距離をとりながら、個人ベースで肉売りビジネスに先進的に取り組んでいる。

5-3　宗教的タブーと商売

　ラリトプル市の郊外に、牛肉の小売をしている店がある。この店のオーナーである30代男性のクリシュナさんは、香港、ドバイなどで出稼ぎ経験を積んでいる。クリシュナさんはもともと肉の仕事はしていなかった

が、衛生的に肉を売れば必ず売れると海外経験から確信し、2009年に帰国した後、あまり間をあけずに肉屋を開店した。スティール製のまな板やショーケースなど一部の機材は海外 NGO から寄贈されたが、エアコンや冷蔵庫を含む、それ以外の装備は自身の投資でまかなった。

　扱っている商品は、ヤギ肉、鶏肉、豚肉、水牛肉、そして牛肉である。牛はヒンドゥー教では神様と見なされており、牛を屠殺することも、牛肉を食べることも、タブーとされていた。この牛肉は、ネパールで屠殺したものではなく、コルカタから輸入したすでに解体・冷凍されたものを、3節で紹介したディリさんから購入している。なお、牛肉はメニュー表に載っておらず、価格も時価となっている。牛肉の小売はネパールでは珍しいので、牛肉を食べる習慣をもつ外国人が遠方からもわざわざ車に乗って買いに来る。ヤギは、家畜市で買ってきて、店頭で捌いている。クリシュナさんの店では、1日に、2、3頭分が売れる。冷凍のヤギ肉も売っているが、これらを買うのは海外に住んでいた経験をもつネパール人か外国人であり、多くのネパール人は、その日に屠殺した新鮮な肉を求める。「朝切った肉は夕方買わない」という顧客もいるので1日2回に分けて、朝夕1頭ずつ屠殺しなければならないという。ヤギの屠場は店先にあり、大鍋が置いてある。この大鍋で屠殺後のヤギを茹でて、毛をこそげ落としやすいようにしている。

　クリシュナさんの店では鶏肉が最も売れており、1日150〜200キロ程度出ている。鶏肉は、自分たちが提携している養鶏場から直接買っている。鶏の屠殺は、店の中の屠場でおこなっており、この屠場は外からは見えないようになっている。水牛肉は、親族からすでに解体されたものを買い、店内で冷凍加工して1日20〜30キロ程度売っている。豚肉は、ダランというネパール西部の豚肉を食べる文化をもつライ・リンブー族からすでに解体されたものを買い、冷凍したうえで1日30〜40キロ程度売っている。

　ここで取り上げた3人は、いずれも旧来の慣習を踏襲するのではなく、先進的な方法を取り入れている若いビジネスマンである。彼らはいずれも、もともとは肉屋ではなかったが、そこに商機を見出して肉屋になっ

た。彼らは、たとえば水牛の肉は親族が解体したものを用いるなど親族関係を利用しているが、設備投資などは自身の判断でおこなっていることが多かった。バブ・ラムさんの、「行きすすめるうちに、ここにたどり着いた」という語りが示しているように、消費者の要望に応えるかたちで様々な革新をしている。そのなかで、「肉売り」という仕事も、職業として市場に仲介されたかたちで、捉え返され、再確立されつつあるといえるだろう。

　もちろん、5節で取り上げたこの3人のような小売形態はまだ見られ始めたばかりであり、現状としては4節で挙げたような形態が中心的である。しかしながら、新しい小売店の形態が短いスパンで次々と見られるようになったことが物語るように、都市の消費者たちの関心や意識はめまぐるしく変わり、小売店主たちも利益を少しでもあげるため、これに適応していこうと日々試行錯誤している。そのなかで、たとえばレジを導入するなど、バブ・ラムさんの経営を真似る小売店も見られ始めており、これらの新しい小売形態は、今後の動向のひとつの先取りモデルたり得ているといえるだろう。

6　おわりに

　本稿では、流通体系の広域化と、冷凍技術や大規模近代屠場の導入などの技術革新の過程を、カドギを中心とした食肉業に携わる人々の日常実践の位相から検討してきた。

　家畜が仲買人からカドギへと売買される家畜市は、家畜の重さや品質、ブランドなど規格化された基準はなく、その場その場の交渉により取引が成立する場であった。しかしながら、家畜が大都市であるカトマンズに入ってからは、これとは対照的に、グローバルな衛生観念や健康志向を身につけた消費者の増加を受けて、短期スパンで技術が目覚ましく進化し、グローバルな規格への再編が進んでいる。

　消費者は、まとめて一度に買い物ができる場所に、食糧や日用品を購入

する場所を移しつつある。それに合わせて小売業者たちも、軒先で職住一体型によりおこなっていた肉売りを、市営バザールへ、さらにはアーケード付の「モール」へと、移動させながら営んでいる。そしてそのたびに購買層を、近隣住民、同一市街、遠隔市街へと拡大している。さらには近年、スーパーマーケット等において冷凍肉を包装し値段をつけて売るという方式が採られ、店主との対面的なやり取りをしなくとも肉は購入可能となった。当初外国人向けに始まった冷凍肉市場は、近年は、グローバルな健康志向を持ったネパール人消費者によっても、そのシェアを拡大しつつある。また、大規模なブロイラーの「ファクトリー」も、企業としての経営をおこなっている。そこでは、カースト役割を世襲するのではなく、市場や競争原理に貫かれたシステムによりその経営が制御されている。

　カトマンズ盆地において、従来カーストにもとづいて肉売りを担っていたカドギたちは、仕入れ、解体・加工、小売等の一連のプロセスおいて影響力を保持しており、上記のような流通体系の広域化や近代化に順応することに成功しているといえるだろう。このような動態は、押川が指摘した植民地期インドにおける皮革職人カーストをめぐる動態とは大きく異なる。なぜこの違いが生じたのか、理由として以下の大きく3点が挙げられるだろう。

　第一に、カドギたちは、技術や既得権益を囲い込みながら全体的な底上げを図っており、この方針が奏功している。具体的に、この方針はカドギたちの重要な収入源であり現在も彼らが独占している水牛市場において、大規模屠場への雇い替えを拒否し、中規模で彼ら自身がシェアをもつコミュニティ・ベースの屠場形成を選んだことに顕著に見られる。

　第二に、例えばカドギは肉売り、ムスリムは家畜の仲買人、タマン族は家畜の運搬人、ライ・リンブー族は養豚業者としてなど、集団ごとに機能を分化したかたちで、新たに他集団と横につながりつつ広域の市場に接続した点である。それぞれが強みをもつ分野ごとの分業形態をとることで、カドギを含む食肉業に携わる人々が権益や技術を囲い込み、流通体系が一部の企業や資本家によって一元化されずにすんでいる。

　第三に、カドギたちが、既存のカースト役割のなかに安住するのではな

く、都市の流動性のなかで、近代的な価値観を身につけた消費者とのやり取りに直接晒されることで、状況に適応しようとする主体性を有するようになった点である。こうして、カースト役割を単純に踏襲するのではない、市場に仲介された近代的な「職業」としての肉売りが、カドギたちの間においても構築され始めているといえるだろう。

　以上のように、本稿で検討した事例を通して見えてきた動態は、既存の地域の枠組みを超えた広域の流通体系が形成され、そこに個々のカーストや民族単位が機能集団として再配置されていくプロセスであった。この動きは、一見、階層の再生産や固定化としても見て取れ、例えばカドギたちは「肉売りカースト」として、そのカーストと職業との結びつきが強化されることも否定できない。しかしながら、宗教的タブーや「不浄」観を超えて食肉が流通することが顕著に示すように、この動きは、「低カースト民」たちを追いやってきた差別意識などを支える従来の社会秩序をなし崩し的に越境していく契機にも、同時に開かれているといえるだろう。

■注
1　ネワールのカーストであり、khaḍgī、nāy、sāhī 等を姓としているが、本稿では、対象カースト自身が総称として最も用いる機会が多い khaḍgī（カドギ）で統一して論じる。
2　ネワール語を母語とする集団であり、カトマンズの「先住民」を名乗っている。
3　ネパール中央統計局の人口統計によると、全人口に占める都市人口の割合は、1971年4％、1981年6.4％、1991年9.2％、2001年14.2％、2006年16.7％となっており、都市への人口集中傾向が急速に進んでいる。
4　2010年9月のネパール農業協同組合省家畜市場促進局での聞き取り。
5　家畜ごとの流通体系の特徴については、中川［2011］を参照されたい。
6　以下の記述は2011年3月に実施した、ジトプール水牛市の現地調査にもとづく。
7　バラミ balami とは、カトマンズ盆地南部の中山間地帯に住み林業を生業としているネワールのカーストである。バラミの社会や暮らしについては、Toffin［2007］参照。

8　2010年8月聞き取り。なお、以下、本稿では個々人の名前を仮名で示す。また、本稿において仮名で示される人々は全員カドギである。
9　2010年8月聞き取り。
10　2010年8月聞き取り。
11　2011年8月聞き取り。
12　ラリトプル市バザール商業組合事務局からの聞き取り。
13　2012年3月聞き取り。
14　2010年8月聞き取り。
15　2011年9月聞き取り。
16　白分と黒分の11日目であり、通常月2回ある。この日、敬虔なヒンドゥー教徒は断食や菜食をし、殺生をしてはいけないとされている。

【参考文献】

ギデンズ, アンソニー、1993、『近代とはいかなる時代か』（松尾精文・小幡正敏訳）、而立書房。

Höfer, András. 1979. *the Caste Hierarchy and the State in Nepal—A Study of the Muluki Ain of 1854—*, Innsbruck: Universitätsverlag Wagner.

Ishii, Hiroshi. 2007. "The Transformation of Caste Relationships in Nepal: Rethinking 'Substantialization'," Ishii, Hiroshi, Gellner, David N. and Nawa, Katsuo (eds.), *Political and Social Transformation in North India and Nepal*, New Delhi: Manohar Publishers & Distributors, pp. 91-130.

石井溥、1980、『ネワール村落の社会構造とその変化――カースト社会の変容』アジア・アフリカ言語文化叢書〈14〉、東京外国語大学アジア・アフリカ言語文化研究所。

中川加奈子、2011、「食肉市場の形成とカースト間関係の変容――カトマンズ盆地における「カドギ」の商実践から」『南アジア研究』23号、74-99頁。

押川文子、1995、「原皮流通の変化と『皮革カースト』」、柳沢悠編著『叢書カースト制度と被差別民』第4巻　暮らしと経済、明石書店、289-326頁。

Searle-Chatterjee, Mary. 1979. The Polluted Identity of Work—a study of Benares Sweepers, Sandra Wallman (eds.), *Social Anthropoligy of Work*, London: Academic Press INC, pp. 269-286.

Searle-Chatterjee, Mary, and Sharma, Urshla (eds.), 1994, *Contextualizing Caste*, Oxford: Blackwell Publishers.

篠田隆、1995、『インドの清掃人カースト研究』、春秋社。

Toffin, Gérard. 2007. *Newar Society-City, Village and Periphery*, Kathmandu: Himal Books.

第2章
結婚が創ったカースト
スリランカのエステート・タミルと「閉じないまとまり」

鈴木晋介

1　はじめに

　インド、南アジア社会におけるカーストというものをめぐって、当事者たちにもあるいは外部の観察者にも支配的かつ一般的（通俗的）な観方というものを、かつて D. クイッグリーが簡略に列挙したことがある。導入として、これを少し眺めてみよう。

(1) ヒンドゥーの世界はいくつものカーストから成っている。
(2) カーストは閉じた社会集団である：結婚は自身のカースト内部でなされ、子供たちは両親のカーストに帰属する。かくしてこのシステムは無限に永続する。
(3) カーストは伝統的職能に依拠して、浄―不浄のスケール上に階層的に序列づけられている。

〔Quigley 1993: 1〕

　クイッグリーが批判的にこれを記したのは 20 年も昔のことだ。だが、

たしかにどこかで見聞きしたようなステレオタイプの内容であって、研究に携わっているわけではない多くの人びとがカーストと聞いて思い浮かべるのも、多かれ少なかれこのようなものではなかろうか。

　本稿は「カースト概念」再考[1]などという大それたことを企てるものではないが、議論の主題は上記のうちとくに二番目のものと深く関わっている。カーストは往々にして「閉じた社会集団」と見なされがちであり[2]、その排他性を特徴づける事項として専ら言及されてきたのが「結婚は同一カースト内でなされるべし」という規制、いわゆる「カースト・エンドガミー」（規制）というものである。

　本稿ではスリランカのプランテーション地域に暮らすエステート・タミル社会から、これと幾分ひっくり返したような事例を取り上げようと思う。「閉じていたはずの異なるカースト同士が、結婚を通じてひとつのカーストになってしまった」という事例である。本文でも記していく通り、この事例はじつは見かけほど単純なものではない。「結婚を通じてひとつになった」といっても、その結婚の問題こそ諸カーストを分け隔てていた当のものだったはずなのである。いや、もっと手前に疑問が浮かぼう。そもそも「結婚を通じてひとつのカーストになる」とはどういう意味なのか？

　冒頭に挙げたようなカースト観からは反転してみえるこの事象を、本稿では結婚という実践そのものをめぐる彼らの「親族の論理」の水準に降り立って考察することを試みる。鍵となるのは、彼らの「類別的双方交叉イトコ婚」の実践論理というものである。一連の考察を通じて描き出されるのは、「閉じた集団」の排他性を根拠づけていたかのようにみえる親族の論理が、逆にその括りを侵食していく様である。結論的に先取りすれば、この事象は、カーストの括りの境界線を越えて展開した「身内の拡大的再編」であり、その漸進的プロセスを通じてひとつのカーストが創造されていったのである。

　全体として、本稿が成そうとするのは次のことである。フィールドワークのなかで直面した「フィールドの現実」をめぐる考察を通じて、皮相的なカースト観が不可視化する領域のひとつに光を当てること。とくに、本

稿はカーストを「閉じたもの」として認識・表象する視角に対する批判的な捉え返しを主眼とするものである。

　まずは、エステート・タミルという人びととプランテーションという彼らの生活の場からふれることにしたい（2節）。その後、フィールドで生じていた事態をかいつまんで説明する。本稿における問いもそこではっきりする（3節）。これをふまえて、彼らの親族の論理の水準へと降りて議論を展開することにしたい（4節と5節）。

2　プランテーションのエステート・タミル

　本稿で取り上げるエステート・タミルという人びとは、イギリス植民地支配期の20世紀初頭を中心に、南インドからスリランカの茶園やゴム園に移り住んだプランテーション労働者たちである。今日、彼らは「インド・タミル」という名称でスリランカの民族分類上のひとつの「民族」として範疇化されている（本論では便宜的に「エステート・タミル」と呼んでいる）。2012年国勢調査によれば、全島人口約2,030万人のうち、エステート・タミルは約84万人（全体の約4.2%）を占める。最新の国勢調査データはまだ一部しか公開されていないため、前回調査時（2001年）に公表

写真1　茶摘みの作業　　　　　写真2　ゴム樹液採集作業

された資料を元に筆者が試算したところによれば、エステート・タミルのうち約8割に及ぶ人びとが今日もプランテーションに働きながら暮らしている［cf. 鈴木 2013: 45］。

　彼らの多くが暮らすプランテーションは、主として中央高地一帯に点在している。標高の低い地域にはゴム園が多く、標高600メートルを超す辺りからは茶園が中心となる。茶園では主に茶摘みや茶葉の精製が、ゴム園ではゴム樹液採集が主な仕事である。

　筆者の調査地は、中央州キャンディ県北西部、標高200メートルほどのところに位置するゴム園である。丘陵地を這うように広がる敷地全体に約3万本のゴムの樹が植えられており、プランテーション管理事務所のスタッフも含めて、43世帯205人が暮らしている。スリランカのプランテーションの人口規模は大小さまざまで、より標高の高い土地に立地する大規模茶園では1,000人を超すところもあるが、比較的標高の低いこの地域周辺において、調査地はだいたい中くらいの人口規模で、いわばごく普通のゴム園といったところである。

　プランテーションでの暮らしは、いくつかの点で際立った性格を有しているといえる。主な点を三つ挙げておこう。第一に、居住労働者とその家族はカーストの区別に関係なく、「ライン」と呼ばれる長屋で生活を送るのが一般的である。ひと続きの長屋の棟にさまざまなカーストの者が隣り合って暮らすのである。第二に、誰もが同じようにプランテーション労働に従事するという労働環境ゆえに、ある種の経済的均質性を認めることができる。平たくいえば「貧しいけれど、みな似たような暮らし向き」といったところだ。第三に、プランテーションという環境の隔絶性ないしある種の内部完結性がある。大規模な茶園には学校を付設したものまであり、日々の暮らしがプランテーション内部で完結してしまうという傾向が指摘されている（ただしこの三点目については留保も必要である）。[6]

　あくまでイメージだが、そこは人びとが寄り集まって暮らすひとつの村のようであると思い描いていただければよい。

写真3　長屋の遠景

3　フィールドで生じていたこと「消えたカースト？」

3-1「消えたカースト？」

　プランテーションのような生活環境の中で、いったい人びとは如何にカーストというものを生きるのだろうか？　そんな素朴な疑問が浮かんでおかしくはあるまい。いま「ひとつの村のよう」と述べたばかりだが、その環境はいささか特殊である。実際、これまでの数少ないエステート・タミル社会に関する人類学的研究の課題は、インドの伝統的農村とは著しく異なったプランテーションという生活環境への移住に伴う、カースト制度の持続性の検証というものだった[Jayaraman 1975: vi; Hollup 1994: xv]。
　2000年3月、筆者が継続しているエステート・タミル社会のフィールドワークの始まりの頃のことである。中央州のゴム園で調査を始めた筆者は、しばらくして妙なことが生じていることに気付いた。調査地のカースト構成を把握しようと遠回しに調べていくと、調査地には三つのカースト

があるという。それは「クディヤーナ」、「パッラール」、「パラヤール」の三つである。妙だ、というのは、このうちの「クディヤーナ」というものに関わっている。次の図を見てほしい。これは 1950 年代、1980 年代とそれぞれ茶園で調査をおこなった R. ジャヤラマンと O. ホラップによるエステート・タミルのカースト構成図を筆者が整理したものである。

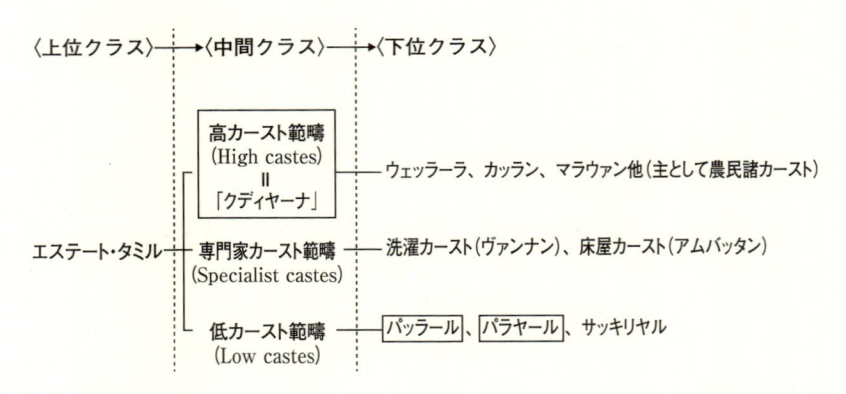

```
〈上位クラス〉──→〈中間クラス〉──→〈下位クラス〉

                  高カースト範疇
                  (High castes)  ─── ウェッラーラ、カッラン、マラヴァン他(主として農民諸カースト)
                  =
                  「クディヤーナ」

エステート・タミル  専門家カースト範疇 ─── 洗濯カースト(ヴァンナン)、床屋カースト(アムバッタン)
                  (Specialist castes)

                  低カースト範疇   ─── パッラール、パラヤール、サッキリヤル
                  (Low castes)
```

＊農民諸カーストには、他にムットゥラージ、アムバラッカン、コナン、ナイドゥなどが挙げられている [cf. Jayaraman 1975: 17-22, 66; Hollup 1994: 221]。
＊＊ Jayaraman の分類では「高」「低」の二大範疇を 'Non-Brahman' と 'Adi-Dravida' の語で示し、前者の下位クラスとして 'peasant castes' と 'castes engaged in specialist occupation' を設けて階層化している [Jayaraman 1975: 66-67]。
＊＊＊エステート・タミル社会にブラーマン・カーストは存在しない [cf. Jayaraman 1975: 43; 鈴木 2013]。

図 1　先行研究にみるカースト構成

　図 1 に示した通り、ジャヤラマンとホラップはエステート・タミルという上位クラスを念頭に置いたツリー状の体系でカースト構成を把握していた。そして両者共に、件の「クディヤーナ」を図中の中間クラス、「高カースト範疇」の現地語として言及していたのである [Jayaraman 1975: 66-67; Hollup 1994: 219-220]。ところが、筆者の調査地の人びとが語るには、図中に四角で囲んだ三つがここにあるカーストだというのだから、図中の下位クラスのいずれかの名称が列挙されることを予期していた筆者にとって、これはまったく妙なことだったのである。

この状況に直面していたのは、じつは筆者だけではなかった。筆者と同時期に茶園の調査をおこなっていた D. バスも同じ状況を見ていたようなのである。バスの調査はカースト研究ではないため詳細は記されていないが、彼は自身の調査地のカーストを構成する四つのうちのひとつを「クディヤーナ」として報告しているのである[7]［Bass 2004: 54］。いったい、「ウェッラーラ」や「カッラン」といった高カースト範疇の下位クラスはどこに消えてしまったのか。

フィールドで直面したこの一見些細な事実は、先行研究に残された1950年代の記録にいったん遡ることで、それが捨て置けないものであることがわかる。1950年代に茶園のフィールドワークをおこなったジャヤラマンの記録からは、彼の調査地における相反する二つの傾向性を読み取ることができる。一方に、カースト間の関係を規制していた諸慣習が緩やかになっていく傾向性である。たとえば接触の忌避は南インドのような厳格さを欠き、長屋の部屋の相互訪問などがふつうになされるようになっている。ジャヤラマンはこうした傾向性をプランテーションという特異な生活環境に起因するものと示唆している［Jayaraman 1975: 98; cf. Hollup 1994: 219-220］。

だが他方で、ジャヤラマンは、諸カースト（図1の下位クラスの諸集団）間で守られている厳格なカースト・エンドガミー規制を強調している。たとえば、共に高カースト範疇に包含されるカッランとマラウァンの男女が周囲の反対を押し切って結婚を強行した結果、当事者であるカップルがそれぞれの親族集団から排斥されたという事例が挙げられている［Jayaraman 1975: 86］。すなわち1950年代の記録からは、図1の高カースト範疇の下位クラスの諸集団による、エンドガミー規制の固守を通じた相互の排他性を保とうとする傾向性がくっきりと浮かんでくるのである。

この状況を目の当たりにしていたジャヤラマンにとって、約半世紀後のエステート・タミル社会の有りよう、すなわち高カースト範疇の下位クラスの諸集団がまるで消えてしまっている状況など、およそ想像もつかないことだったに違いない。高カースト範疇の下位クラスはどこに消えたのか。

3-2　フィールドの語り

　スリランカにおいてカーストにまつわる調査というのはデリケートなもので、ふつう人びとはこの話題にふれたがらない。だが長期滞在のフィールドワークの過程でおぼろげにわかってきたことがある。調査地の三つのカーストのうちのひとつ、「クディヤーナ」は、もともと「ムットゥラージ」と「マラウァン」（共に図1の高カースト範疇の下位クラス）という二つのカーストだったのだという。小さな長屋の一室で笑いながらこのことを教えてくれたある老人は、こんなふうに言った。

　「昔はそういう区別（＝「ムットゥラージ」と「マラウァン」の区別）もあったが、今はもうない。結婚を通じて混ざってしまっているんだからな」。

　結婚を通じて二つのカーストがひとつになった、それがクディヤーナである。結論的にいってしまえば、これだけのことであって、老人の語りもさりげないものだった。

　調査地のカーストというものの全般的な有りようをここで詳細に記述することはかなわないが、一言でいえば、調査地ではカーストをめぐるなし崩し的な形骸化（「名前」は残っているが「実質」はほとんど失われていくような状況）が進行中だったといえる。たとえばカースト序列に関しても極端に曖昧化していたし、いわゆる伝統的職能による分業のようなものも見当たらない。いかにも目立ちそうな、ヒンドゥー祭礼時の儀礼的役割分担についても、とくにカーストごとに決まった役割というものもない（詳細については [cf. 鈴木 2013: 134-147]）。こうしたフィールドの状況を身近に見聞きしていたから、「ああ昔はあったけど、今はなくなったのね」と、なんだかわかったような気にならなかったわけでもない。

　しかし、「はじめに」でもふれた通り、よく考えればこれはそう単純な話ではないのである。第一に結婚（それをめぐるカースト・エンドガミー規制）こそ、図1の下位クラスを隔てていた当のものだったはずである。第二に、本稿ではこちらをより問題としたいのだが、「混ざってしまった」彼らは、彼らを分け隔てるカーストの区別そのものを、たとえば「古い束縛」などとして、棄て去ることをせず、クディヤーナというまた別のカー

ストを創りあげた。つまり、「カーストそのものの解消」ではなく、「別のカーストの創造」につなげたのである。結婚を通じてひとつのカーストが創造されたこと、このことの含意が問われねばなるまい。パラフレーズするなら、ムットゥラージやマラウァンの名を捨てた彼らが、「クディヤーナ」という名に託して残そうとしたものは、いったい何なのだろうか。

　この問題は、フィールドの語りを並べ立てることで理解できるものではない。先の老人の語り以上のものは出てこないのであるから。語られぬ実践の領域に照準しなければならない。結婚を通じて「混ざってしまった」というプロセス自体を、彼らの親族の論理とその実践において捉え直すことで、この問題の答えがみえてくる。

4 「身内の再編」エステート・タミルの親族の論理と結婚

4-1 親族の論理と類別的双方交叉イトコ婚

　エステート・タミル社会における親族集団ならびに結婚について、まず前提となる事項を整理して示そう（[鈴木 2013: 167-175] も参照のこと）。以下で示す事項は、田中雅一が論じたスリランカのタミル人漁民カーストのそれとほぼ重なるものであり、合わせて参照されたい [cf. 田中 2006]。

① 「近い親戚」と「遠い親戚」

　調査地における親族集団に関しては、「クドゥムバム」と呼ばれる核家族を認めることができる。だがこれを越えると、範囲を明確に画定できる親族集団を他に挙げることはできず、また出自集団というものも認めることはできない。これに対して、エゴを中心として父方、母方双方に広がる、いわゆるキンドレット的な二種のまとまり（いずれも明確な範囲線をもたない）を挙げることができる。ひとつは「キッタ・ソンダカーロンガル」（いわば「近い親戚」。その範囲の目安は図2に示す）、もうひとつが「トゥーラム・ソンダカーロンガル」、いわば「遠い親戚」である。

　この「遠い親戚」という言葉は文字通り系譜的な遠さに言及するものだ

が、エステート・タミル社会では、もうひとつ、この語がしばしばカーストの婉曲表現に使われることを明記しておきたい。たとえば、系譜を直接辿ることができない誰かが自分と同じカーストの者であることを知っているとき、「あいつは自分の『遠い親戚』にあたる」といった形で用いる[9]。この語用に表れる通り、彼らのカーストには親族のつながり（たとえ想像上のものであっても）というインプリケーションがぴったりと貼りついている。このことを銘記しておいてほしい。

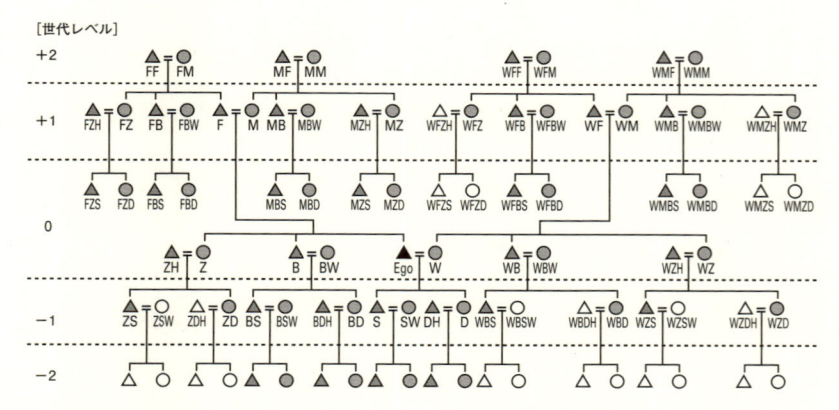

▲●は「近い親戚」、△○は「遠い親戚」。ただし「近い親戚」の範囲は明確に定まっているわけではなく、あくまで目安である。また「遠い親戚」はこの図を越えて連なっていく。

図2 「近い親戚」と「遠い親戚」

②親族名称体系

　エゴを中心として漠然と広がる一群の人びとと、「近い親戚」や「遠い親戚」たちは、次の表1の通り、いわゆるドラヴィダ型親族名称によって体系づけられている。

　かなり込み入っていてとっつきにくいものなので、要点のみ示そう。第一にこの親族名称体系は「類別的」だということ、そして第二にこの名称体系による同定は系譜の遠近を問わないのだ、ということである。

　一点目から具体的に押さえたい（図2と表1で照合されたい）。この段

第2章 結婚が創ったカースト　45

表1　エステート・タミルの親族名称体系

世代レベル	親族名称	エゴとの関係
＋2	ターター	FF, MF, WFF, WMF
	パーティ	FM
	アンマーイ	MM, WFM, WMM
＋1	アッパー	F
	ペリヤアッパー	FeB, MeZH, WFeZH, WMeB
	シンナアッパー	FyB, MyZH, WFyZH, WMyB
	アンマー	M
	ペリヤアンマー	MeZ, FeBW, WFeZ, WMeBW
	シンナアンマー	MyZ, FyBW, WFyZ, WMyBW
	マーマー	MB, FZH, WF, WFB, WMZH
	マーミ	FZ, MBW, WM, WFBW, WMZ
0	アンナー	eB, e（FBS, MZS, WFZS, WMBS, WZH）
	タンビ	yB, y（FBS, MZS, WFZS, WMBS, WZH）
	アッカー	eZ, e（FBD, MZD, WFZD, WMBD, WBW）
	タンガッチ	yZ, y（FBD, MZD, WFZD, WMBD, WBW）
	マッチャン	FZS, MBS, ZH, WB, WFBS, WMZS
	マディニ	FZD, MBD, BW, WZ, WFBD, WMZD
	サムサーロン	W
－1	マガン	S, BS, ZDH, WZS, WBDH
	マガル	D, BD, ZSW, WZD, WBSW
	マルマガン	ZS, DH, BDH, WBS, WDZH
	マルマガル	ZD, SW, BSW, WBD, WZSW
－2	ペーラン	2世代下の男性すべて
	ペーティ	2世代下の女性すべて

階ではエゴの妻方については脇にのけておいていい（4-2で取り上げることになる）。まずはエゴの同世代である。たとえば、系譜上のエゴの直接の姉を「アッカー」という。だがアッカーはその女性だけではない。父の兄弟の娘FBDや母の姉妹の娘MZDもまたアッカーである（これはエゴより年上の場合だ。表中には年上の場合'e'=elderと、年下の場合は'y'=youngerと略記してある。彼女たちが年下であれば「妹」=「タンガッチ」となる）。すなわちエゴの平行イトコ女性はすべて類別的に姉妹となる（同様に、平行イトコ男性は類別的に兄弟となる）。これに対して、交叉イトコ男性（父の姉妹の息子FZSや母の兄弟の息子MBS）や、交叉イトコ女性（父の姉妹の娘FZDや母の兄弟の娘MBD）たちは、それぞれ「マッチャン」と「マディニ」として分類され、兄弟姉妹の関係にはならない。

　エゴのひとつ上の世代に目を転じれば、たとえば父＝「アッパー」は自身の直接の父のみならず、平行イトコの父にも敷衍される。年齢的な上下も勘案されるものの、これらの男性たちはいずれも類別的な父である（平行イトコが類別的な兄弟姉妹なのであるから、その父もまた類別的な父なのである）。これに対して、交叉イトコの父と母は、それぞれ「マーマ」と「マーミ」として分類されることになる（同じ理屈が、ひとつ世代を下がって今度はエゴの息子を中心に考えても繰り返される）。これが1点目である。

　2点目だが、こうした親族名称による類別的な同定は、系譜的な遠近を問わず、図2に挙げた範囲を越えて敷衍されることになる。たとえば、図2中の世代レベル0の上段左から3番目FBSは、エゴの類別的な兄弟である。もしも、このFBSの母方に平行イトコがいれば（図中にはないが、たとえばFBSの母〈図2ではエゴのFBW〉の姉妹の息子など）、彼もまたエゴの兄弟となる（こんな風に考えればいいだろう。「わたしの平行イトコ男性は兄弟である。この男性の平行イトコ男性は彼の兄弟である。わたしの兄弟の兄弟なら、それもわたしの兄弟である」）。わかりやすくいえば、系譜の遠近を問わず、親族関係者はすべてこの限られた名称体系のなかに折りたたまれる。

③類別的双方交叉イトコ婚

　この名称体系をもつ彼らが実践するのが父方、母方を問わない双方的な交叉イトコ婚である[12]。ここでも重要な点は、それが「類別的な」交叉イトコとの結婚（類別的双方交叉イトコ婚）だという点である。エゴの結婚相手は父の姉妹の娘や母の兄弟の娘といった第一イトコに限られるわけではない。どんなに系譜的に遠くとも、あるいは実際にはどういう系譜でつながっているか正確にわからなくとも、お互いが交叉イトコの名称（「マッチャン」、「マディニ」）で呼び合う男女であれば、結婚できる相手なのである（逆に平行イトコの名称で呼び合う男女、類別的な兄弟姉妹関係の男女であれば結婚はできない）[13]。

　ここに、いささかトリッキーな論理的仕掛けが組み込まれていることに留意されたい。こうした類別的な交叉イトコ婚がなされるような場合、「交叉イトコとは同世代の『結婚できる男女』としかいえないような」存在ということになり［田中 2006: 3］、結婚するのは結婚できる相手と、なのであるから、それは自ずと交叉イトコ婚である、という同義反復的な仕掛けが、彼らの結婚の論理には組み込まれている。

4-2　結婚を通じた「身内の再編」

　1950年代、ジャヤラマンがみていた強固なカースト・エンドガミー規制下に、人びとが実践していたのも他ならぬこの類別的双方交叉イトコ婚である。ところで、筆者の調査地では、結婚を通じて二つのカーストが「混ざってしまった」と語られたが、この結婚の論理が貫徹されている限りでは、二つの内婚集団が「混ざってしまう」ことなど、理屈上はあり得なかったはずである。というのも、類別的な双方交叉イトコがいくら系譜の遠近を問わないものだとしても、それは同一カーストの外部には存在し得ないはずだからである。すなわちエゴを男性として、自身のカースト（「遠い親戚」）の内部に結婚できる女性（類別的な交叉イトコ女性）と結婚できない女性（類別的な平行イトコ女性）が存在し、かつ、「異カーストの女性」が結婚できない者として存在している構図である。

結婚可	類別的交叉イトコ女性
結婚不可	類別的平行イトコ女性、異カースト女性

図3　結婚可能／不可能な相手（エゴを男性として）

　この構図下では、類別的双方交叉イトコ婚が異なるカーストの者同士を結びつけることは論理的に不可能であるし、結婚を通じて「混ざってしまう」ことなどできない。

　ところが、やはり調査地の二つのカーストは結婚を通じてひとつのクディヤーナを構成したと考えられるのである。他ならぬこの類別的双方交叉イトコ婚の論理を駆動させることによってである。じつは彼らの結婚にはもうひとつ重要な実践が付随している。そしてその実践が、この不可能なはずの「異カースト同士の類別的双方交叉イトコ婚」への通路を、すなわち「混ざってしまう」道を拓いたのである。

　それは、先にふれた同義反復的な仕掛け、すなわち「交叉イトコとは結婚できる男女」なのであるから「結婚は自ずと交叉イトコ婚となる」、という論理的仕掛けの実践的な敷衍形態ともいうべきものだ。まったく系譜を辿ることもできず、また彼らの親族名称体系で相互に同定し合うこともなかった男女（いわば「他人同士」）が結婚するということが現実的にはあり得る。そのような場合に際して、当事者カップル同士があたかも交叉イトコであったかのように取り計らう、いわば事後的に交叉イトコ婚として成立させるということを彼らはおこなう。どのようにしてか？　夫方、妻方、それぞれの親族が一斉に相手方親族を先の親族名称体系によって同定し合うことを通じてこれをおこなうのである。

　さきほど脇にのけておいたエゴの妻方への親族名称の割り振りは、そのことを表している。別の簡単な例を用いて示そう。いま、いわば他人同士の二つの親族のまとまりXとYがある。

　図4中のaとdが恋仲になり、周囲が容認して結婚に至ったとすれば、このときXとY双方の関係者たちは、aとdがあたかも交叉イトコであったかのように親族名称体系を駆動させて相互の同定を図る。aの母の姉妹の息子bを例にとろう。bからみれば、fやgは他人の年輩男性であり、

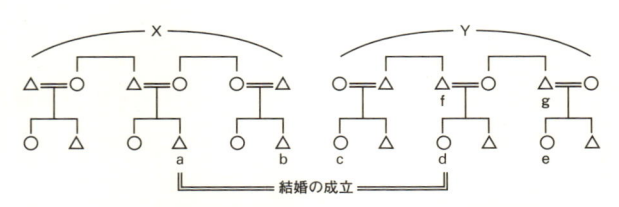

第2章 結婚が創ったカースト　49

図4　結婚を契機とする親族名称体系の駆動

c、d、eは同世代の、これまた他人の女性であった。これがaとdの結婚を契機に両者を交叉イトコと見なすことに連動して、fは類別的な義理の父(マーマ)、gは類別的な父(ペリヤアッパーないしシンナアッパー)へと同定され、cとdは類別的交叉イトコ(マディニ)に、eは類別的平行イトコ(アッカーないしタンガッチ)にそれぞれ同定されることになる。約言すれば、ひとつの結婚は、この親族名称体系の駆動を介して、いわば「他人を相互に繰り入れ合う」拡大的な「身内の再編」を引き起こすのである。[15]

この実践的水準で彼らの結婚を捉え直すとき、論理的には不可能なはずの「異カーストの女性との類別的双方交叉イトコ婚」の通路がまったく拓けていることがわかる。なんとなれば、系譜的に辿ることのできない「他人」の最たるものこそ、「異カーストの者」に他ならないのである。

次の図5は調査地におけるかつての二つのカースト、ムットゥラージとマラウァンの間に実際に紡がれた親族関係である。

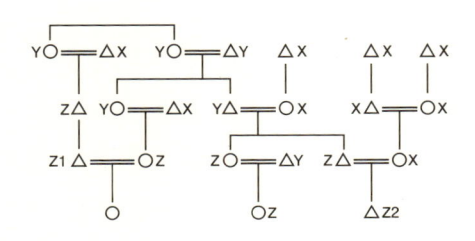

X：ムットゥラージ
Y：マラウァン
Z：XとYの間に生まれた者、またはその子供たち
＊煩瑣になるため年齢は記していないが、Z1が26歳、Z2が19歳（いずれも調査時点）である。目安とされたい。また図中にはすでに死亡したものもとくにマークなしで含めてある。

図5　調査地における二つのカースト間の親族関係

図5には関係する親族すべては挙げていない。それぞれに兄弟姉妹がおり、それが結婚し、子供をつくり、という具合に親族関係は図5以上に複雑である。ここでは任意のその一部を抜き出したに過ぎないが、かつてのムットゥラージとマラウァンという「異カースト同士」がいくつもの結婚を通じて複雑に絡み合った親族の網目を紡いできたことがわかる。そしてその都度、先にみた親族名称体系の駆動による「身内への繰り入れ」をおこなってきたのである。フィールドの語り「混ざってしまった」とは、こうした拡大的な身内の再編がおこなわれてきたということに他ならないのである。

　ここにおいて、親族の実践的論理はもうひとつ重要な力をふるうことになる。調査地ではムットゥラージとマラウァンというかつての二つのカースト名称が抹消の道を辿ってきたが、この名称の抹消を人びとに促したのも同じ実践的論理なのである。先に「遠い親戚」の語用にふれた通り、彼らのカーストには親族のつながりというインプリケーションがぴったりと張り付いている。錯綜して紡がれ続ける親族関係、いわば身内の内部において、たとえば「こちらのアッカー（姉）はこのカーストで、あのアッカーは別のカーストで……」などと、異なるカースト名称を保持し弁別し続けることなど、とても考えられることではない（そのようなハビトゥスは存在しない）。

　調査地において、若い人びとにはムットゥラージやマラウァンという古い名はほとんど伝えられていなかった。世代が進めば進むほどこの区別を保持し続けることが困難になっていくことは、図5の「Z」の増殖を眺めることでイメージできるはずである。かくして、かつての二つのカースト名称は漸進的な抹消の道を辿り、調査者の前にひとつの「クディヤーナ」が現れることとなったのである。

5　「閉じないまとまり」　クディヤーナの名に託されたもの

　親族の実践的論理の水準で「結婚を通じて混ざってしまった」プロセス

を再構成すれば、前節の通りである。彼らの結婚の実践論理が志向するのは、ひたすら身内を紡ぎ続けることに他ならず、調査地におけるクディヤーナの構成は、身内の拡大的な再編の帰結なのである[16]。

むろん、このプロセスが親族の実践的論理だけで再生産されたわけではないことは断っておきたい。背景には、人口学的要因（図1の「高カースト範疇の下位クラス」諸集団は、プランテーションでは相対的に人口規模が小さかった［Hollup 1994: 222］）や、各カースト間の相互排他性を逓減させる諸要因（「一様なプランテーション労働と伝統的職能の喪失」、「儀礼的階層序列の曖昧化」、「長屋暮らしの共同性」）など、複雑な要因が働いている。これらについては別のところで議論しているので［鈴木 2013: 76-81, 136-145, 188-192, 223-229］、本稿では3節の終わりに挙げた問いに立ち戻ることにしよう。古い二つの名称を抹消した彼らが、クディヤーナという名に託そうとしたものは何なのか。カーストそのものの解消ではなく、別のカーストが創造された、その含意は何なのか、である。

彼らがクディヤーナという名に託そうとしたものを考えるとき、冒頭のクイッグリーの列挙の三番目を一瞥するなら、ひとつの結論に飛びつきたくなる。この名に託されたものは、「『高い―低い』という序列の固持」[17]なのではないか。たしかに調査地には、先行研究のカースト構成図（図1参照）において序列上「低い」パッラールとパラヤールという者たちがいる。すなわちクディヤーナという名によって、彼らはこの相対的な序列上の優位性を保とうとしているという見立てである。

しかし、この見立てをとれない理由がある。3-2で少し言及した通り、調査地においてはこうした序列の意味は限りなく曖昧化している。食物の授受や祭礼時の儀礼的役割分担といった実践においても、また序列をめぐる人びとの認識においても、このことは顕著なのである［鈴木 2013: 143-145］。

序列に関連して少しだけ補っておきたい。先行研究のジャヤラマンとホラップは、クイッグリーの3番目の項にみる「浄―不浄のスケール」、すなわちL. デュモン流の浄・不浄価値観念を理論的中核に据えてプランテーション地域におけるカースト制度の持続性を主張している［Jayaraman

1975: 9; Hollup 1994: 273]。だが 2000 年代の調査地では、この序列の曖昧化と連動して浄・不浄価値観念自体にも極端な事態が生じている。浄・不浄価値観念が諸カースト間の序列と乖離し（すなわち世俗内的階層性のインデックスであることをやめ）、神々との儀礼的な近接における個々の心身の状態を語るイディオムに、そして関根康正の論じる「ケガレ」の水準[18]へと意味論的特化をみせているのである（詳細は［鈴木 2013: 139, 160, 230-232; cf. 関根 1995]）。

　クディヤーナという名への収斂を序列上の優位性の固持と結べないもうひとつ大きな理由がある。これは序列の曖昧化そのものとも直接連動するのだが、前節のクディヤーナの構成を促した身内の拡大再編プロセスが、じつはクディヤーナとパッラール、パラヤールとの間にも、なし崩し的に作動し始めているという事実がある ［鈴木 2013: 188-192]。本稿では仔細に立ち入ることを避けるが、入り組んでいく身内の中で、序列を弁別保持することなど「古い名称」以上に困難である。いかようにせよ、クディヤーナの名に託されたものを序列の観点から捉えることはできない。

　では、この名に託されたものは何なのだろうか。それは前節で明らかにしたクディヤーナの構成プロセスの内側において理解されるべきものなのである。かつてのムットゥラージとマラヴァンたちは、「浄性」にせよ何にせよ、両集団に共有された、融合しても不変の何らかの特質をクディヤーナの名に託して残そうとしてきたわけではない（アクセントをつけるなら、「高カーストとしてのアイデンティティの『本質主義的な構築』」といった、他者の存在を前提としない「排他」的差異化[19]は、生活の場で実践されてきたクディヤーナの構成プロセスとは無縁である）。彼らは結婚を通じて、なし崩し的に拡大再編されていく身内の中に身を置きながら、形骸化した括りと化していく二つの名（それらもかつては親族のつながりを組成の要としていただろう）を捨てた。彼らが取ったのは、形骸化していく括りの境界線を越境して紡がれていった親族のつながりの方である。すなわちクディヤーナとは、こうして拡大再編されていく身内のインデックス[20]に他ならない。換言すれば、クディヤーナという名に託されたものとは、つながりを紡ぎ続けようとする彼らの生きるやり方そのものなのであ

る。

　カーストの解消ではなく別の新たなカーストが創造されたことの含意、本稿ではこれを冒頭にクイッグリーの引用で示唆した表層的なカースト観に向けて簡潔に記すことにしたい。
　カーストを「閉じた社会集団」と措定し、カースト・エンドガミーという事項をその根拠づけとして動員する限り、本稿で取り上げた事例は反転したものに映る。けれども、反転していたのは、むしろカーストを「閉じた括り」として認識・表象する営為の方なのである。閉じていたかにみえた括りを越境して紡がれた、排他的範囲確定線をもたないつながりの束こそ、ここで創造された新たなカーストの本体なのであるから。こうしたつながりが形づくるのは、ちょうど彼らの類別的な双方交叉イトコ婚の実践論理がもたらしたもののように、閉じることのないまとまりである。フィールドの現実は、閉じた括り（と、その括りに包含される「個」）を措定してはじめるような、私たちになじみ深い思考手順から、関係論的なつながり（と、そのつながりが創る「閉じないまとまり」）の前景化へと思考の転換を求めている。

6　おわりに

　本稿で取り上げた事象は、スリランカのプランテーションという、ある意味で特殊なセッティングのなかに生起してきたものであることは、いうまでもない。本稿の事例をもって、南アジア社会全体に議論を敷衍していくには慎重な準備が必要となろう。だとしても、こうした事象が単に例外的なものとして捨象されるべきではないと筆者は考えている。少なくとも、カーストを「閉じた括り」として捉える思考では届かない、生活の場に紡ぎ上げられるまとまりの創造性や潜勢性の領域へと視界を拓いていく契機となるはずだからである。
　ところで、「支配的なディスコース」と「生活の場の水準」、あるいは「閉じた括り」と「閉じないまとまり」……これと似たようなことが、私たち

の身の回りでもパラレルになってはいないだろうか。遠くスリランカというフィールドで直面した現実が、そんなことを問うているようにもみえてくる。

注

1 「カースト」という概念は、西洋の知的ヘゲモニー下にオリエンタリズム的他者表象として増幅し、かつそれが植民地行政のエフェクトとも連動して還流的に実体化するという奇怪な経緯を辿った概念である。これについては関根康正［1994］を参照されたい。筆者も別のところで、生活の場おける「ジャーティヤ」（スリランカにおけるカーストの現地語。ここには「民族」も含まれる）の実践的編成を対象化し、その組成の論考を通じてオリエンタリズム的思考の根底にある「類―種」の論理（提喩的同一性の論理）の乗り越えを試みている［鈴木 2013］。なお本稿は、むしろクイッグリーが批判的に列挙したステレオタイプに漫然と身を委ねて読み進めていただいた方が論点をつかみやすい形になっている。
2 本論のフィールドに関係するところだけでも、本文で言及するR. ジャヤラマンやO. ホラップ［Jayaraman 1975; Hollup 1994］、またスリランカのシンハラ人のカーストと親族を論じたN. ヤルマンの古典的研究［Yalman 1960; 1967］などをすぐに挙げることができる。エンドガミーとクイッグリーの列挙3点目の「浄―不浄のスケール」、すなわちデュモン流の浄・不浄価値観念とは、たとえば次のように結びついて「閉じた社会集団」を理論的に表象する。カーストとは単なる呼び名ではなく、「質（quality）である……質は血の中に存している。そして血は最も浄なるものから、極端に不浄なものまで階層化されている」［Yalman 1960: 87］。同じ血を有する親族集団＝カースト集団がその地位（ここでは浄性）を守るのに「最も効果的なメソッドが完璧なエンドガミーである」［Yalman 1960: 110］。
3 注2も参照。
4 移住の経緯や彼らをめぐる歴史的、政治的背景ついては［川島 2006; Peebles 2001; 鈴木 2013: 48-52］を参照のこと。
5 「インド・タミル」といういわば公式名称をめぐっては、当事者たちがこれを忌避しようという傾向が広範にみられる。背景には市民権問題というものがある。彼らの多くは1948年スリランカ独立とともに市民権を剥奪され、長らく無国籍状態のままプランテーションに暮らしてきた。「インド・タミル」の名称は彼らを「インドに帰

第 2 章　結婚が創ったカースト　　55

属する者＝スリランカ人ではない者」として一括りにするエフェクトを発揮してきたのである。名称の問題に関しては［鈴木 2013: 52-58; Peebles 2001］を参照のこと。なお「エステート」とはスリランカにおいてプランテーションのことを指している。本稿で便宜的に用いる「エステート・タミル」とは「プランテーションのタミル」ほどの意味合いである。

6　たとえばホラップは、E. ゴッフマンの 'total institution' の概念を用いてプランテーションという環境の隔絶性ないしある種の内部完結性を捉えている［Hollup 1994: xiv; cf. Philips 2005: 112; Bastian 1992: 1］。ただしこのことは、より標高の高い茶園などにはある程度妥当するものの、中低地地方のゴム園には当てはまらない。そこではプランテーション居住者と近隣シンハラ村落住人が日々行き来する生活が営まれている［鈴木 2013］。

7　バスが挙げる残りの三つは「パッラール」、「パラヤール」、「サッキリヤル」で、図1 中の下位クラスの名称である。なお、場所によっては「高カースト範疇の下位クラス」が残っているところも当然予測しうる。本論の後半の議論から翻って類推してもらいたいが、身内の拡大的再編プロセスは漸進的なのである。

8　調査地において「クドゥムバム」の語は限定的に核家族に用いられることに留意［鈴木 2013: 168, 202］。

9　このように「親戚」の語を用いるのは、スリランカのシンハラ社会でも同様である（シンハラ語では「ナーダーヨ」である）。

10　自分が男性なら「自分の子供と自分の兄か弟の子供同士」、自分が女性なら「自分の子供と自分の姉妹の子供同士」は平行イトコである。ひっくり返せば、自分と誰かをイトコたらしめている親同士の性が一致している場合を平行イトコという。これに対して、親同士の性が入れ替わっている場合が交叉イトコである。親の方からみれば、自分が男性なら「自分の子供と自分の姉か妹の子供同士」（自分が女性ならその逆）は交叉イトコである（子供同士からみれば、当該の親同士の性が入れ替わっている。当該の親同士の性が問題であって、イトコである本人同士の性はこの区分にかかわらない）。

11　注 10 を参照のこと。

12　本稿でいう双方交叉イトコ婚とは、いわゆる限定交換を形づくる「父方であると同時に母方でもある交叉イトコ同士の結婚」ではなく、「父方か母方かを問わない交叉イトコ同士の結婚」という広い意味で用いている［cf. 吉岡 1989］。また田中［2006］が論じているように、本稿の議論も「出自集団なき交叉イトコ婚」であることに留意［田中 2006: 6-8］。

13　田中［2006］はこうした親族名称体系をもつにもかかわらず、名称の一時的混乱を招いてまで平行イトコ婚をおこなったタミル漁村の事例の検討を通じて、「身内で結婚すべき」という他の要因に還元しようのない独特の論理の存在を抉出している。筆

者の調査ではそうした事例は見出せなかったが、本稿で論じているクディヤーナというカーストの構成は、いわば「身内を紡ぎ続けること」の一帰結であり、田中の示した論理と通底するものを感じている。

14 彼らの親族名称体系には、父方交叉イトコと母方交叉イトコを峻別する語彙は備わっていないことに留意。

15 この身内の再編に続く、いかにもあり得そうな話は次のようなものである。仮に例に挙げたbが未婚で結婚相手を探していたとしよう。fの妻が世話好きの女性なら、「夫の兄弟の娘c」との見合い婚を画策することはあっても、「彼女の兄弟gの娘e」を薦めることは考えまい。bとeは既に兄弟姉妹の関係になってしまうのであるから。

16 注13も参照のこと。

17 調査地においてこの「高い―低い」は、「ナッラ」と「イッラ」の語で語られる。しかし本文で記すように、この序列は極端に曖昧化している［鈴木 2013: 143］。

18 関根［1995］は、南インド・タミルナードゥを舞台とした論考を通じて、ブラーマン中心主義的な社会構造の正当化へと人びとを促す「浄・不浄イデオロギー」と、ケガレの創造性に根差してこの脱中心化を促す「ケガレ・イデオロギー」を析出している。筆者の調査地で起きている事態は、関根が現地語「ティーットゥ」の向こうに見出した「主観的解釈次元における他界性の突出という境界経験」への意味論的集中化である（詳細については［鈴木 2013: 160-161］参照のこと）。

19 この手の自己同定は、括りとしての「類」とそれを構成する「種」としての「個」、「個」を類の「一」足らしめる本質があれば完結する。ここに他者は不在である。類を構成する複数の個は、この図式の孤独な反復の無機的な集合に過ぎない。筆者は別のところでこれを〈括り〉の論理として議論している（これと鋭く対峙するのは生活の場の〈つながり〉と〈まとまり〉の論理である［鈴木 2013］。なお本文でもこれらの語を用いているが、本稿では日常的な語感で捉えてもらってかまわない）。

20 これは暫定的なインデックスである。本文でふれた通り、この再編プロセスはパッラールやパラヤールを巻き込んで進行しつつある。そしてクディヤーナも含めて三つの名称が曖昧にぼやけていくという事態が垣間見えている［鈴木 2013: 190］。

【参考文献】

Bastian, S. 1992. Indian Tamils Emerging Issues: A draft, *Journal of the Institute of Asian Studies vol. 10 (1)*, pp. 1-32.

Bass, D. 2001. Landscapes of Malaiyaha Tamil Identity. Marga Insitute.

—— . 2004. *A Place on the Plantations: Up-Country Tamil Ethnicity in Sri Lanka*, Ph. D dissertation, The University of Michigan.

Daniel, E. Valentine. 1996. *Charred Lullabies: Chapters in an Anthropography of*

Violence, Princeton University Press.

デュモン，ルイ、2001 (1980)、『ホモ・ヒエラルキクス：カースト体系とその意味』(田中雅一・渡辺公三訳)、みすず書房。

Hollup, O. 1993. Caste Identity and Cultural Continuity Among Tamil Plantation Workers in Sri Lanka, *Journal of Asian and African Studies, xxv iii, 1-2*, pp. 67-87.

———. 1994. *Bonded Labour: Caste and Cultural Identity among Tamil Plantation Workers in Sri Lanka*, Sterling Publishers Pvt. Ltd.

Jayaraman, R. 1975. *Caste Continuities in Ceylon: A study of the Social Structure of Three Tea Plantations*, Popular Prakashan.

川島耕司、2006、『スリランカと民族──シンハラ・ナショナリズムの形成とマイノリティ集団』、明石書店。

Peebles, P. 2001. *The Plantation Tamils of Ceylon*, Leicester University Press.

Philips, A. 2005. *The kinship, marriage and gender experiences of Tamil women in Sri Lanka's tea plantations*, Contributions to Indian sociology (n.s.) 39/1: pp. 107-142.

Quigley, D. 1993. *The Interpretation of Caste*, Oxford University Press.

関根康正、1994、「『オリエンタリズム』とインド社会人類学への試論」『社会人類学年報』20巻、27-61頁。

———、1995、『ケガレの人類学：南インド・ハリジャンの生活世界』、東京大学出版会。

鈴木晋介、2013、『つながりのジャーティヤ──スリランカの民族とカースト』、法藏館。

田中雅一、2006、「身内で結婚する：スリランカ・タミル漁村における婚姻をめぐって」『社会人類学年報』vol. 32、1-24頁。

Yalman, N. 1960. *The Flexibility of Caste Principles in a Kandyan Community, in E.R. Leach ed., Aspects of Caste in South India, Ceylon and North-West Pakistan*, Cambridge University Press.

———. 1967. *Under the Bo Tree: Studies in Caste, Kinship, and Marriage in the Interior of Ceylon*, University of California Press.

吉岡政徳、1989、「縁組と親族」合田濤編『現代社会人類学』、弘文堂入門双書。

第3章

観光開発をめぐる歴史的文化遺産の真正性
中国雲南省新平イ族タイ族自治県戞洒鎮を事例に

林　梅

1　はじめに

　1949年に成立した中華人民共和国は、約30年間にわたり各人および各民族が平等かつ公正な社会主義を目指して国家建設をおこなってきた。しかし、計画経済による生産体制問題に加え、度重なる政治闘争によって、「温飽問題」が深刻化したため[1]、1978年に改革開放による中国的特色のある社会主義建設を目指して市場経済へと突入した。「先富論」[2]を基本的理念とした改革開放は、沿岸地域に経済特区を設けて開放することから徐々に進められ、一部の人や一部の地域は著しい経済発展を遂げた。他方で、後れをとった者や地域との経済格差は増々大きくなり、それに端を発した社会不安定が顕著になり、国家は対応策を迫られることとなった。その対応策のひとつが、沿岸地域と西部地域の経済格差を是正することを目標に2001年頃から提唱され始めた「西部大開発」である。

　2001年の国家統計局中国西部統計年鑑によると、中央政府は「中国の経済発展レベル、地理区位（地理位置と関連する格差）と民族地域発展要因を総合的に考慮し、西部大開発の範囲を重慶、四川、貴州、雲南、チ

ベット、陝西、甘粛、青海、寧夏、新疆ウイグルと内モンゴル、広西の12の省、自治区、直轄市に決めた」［国家統計局中国西部統計年鑑 2001］。これらの対象地域は、国土面積の71.4％を占め、2000年末までの人口割合は全国人口の27.4％、GDPは全国の18.6％を占めている。さらに、西部地域と境界を接している湖北省恩施トゥチャ族ミャオ族自治州と湖南省湘西トゥチャ族ミャオ族自治州、中朝国境地域である吉林省延辺朝鮮族自治州も西部大開発の範囲に編入させた［中国西部統計年鑑 2001］。つまり、西部大開発は、経済、社会発展を制約する要素を克服し、さまざまな資源を生かすことで、農村貧困地域と少数民族地域（大多数が貧困地域である）の発展を支援することであった。このような社会潮流のなかで西部大開発の対象地のひとつである雲南省は、1990年代半ばからすでに観光を基礎産業のひとつとして位置づけ、小規模の鎮および郷村までが観光地化を進めており、「中国西部大開発雲南行動計画」にもとづいて「民族文化大省[3]」を目指すことを表明した。

しかし、地元の自然や歴史などの資源を最大限に生かした文化産業化は、国家方針の策定時点ですでに大きな矛盾を抱えるものであり、地元による実践段階になるとその矛盾の表面化は避けられない。その大きな原因は、改革開放が従来の社会主義体制から市場経済への移行を目指すなかで、政治体制は不変のまま経済体制だけを解体させたことにある。つまり、社会主義体制下の集団経済においては、社会・文化・政治に対する一元的な掌握・運営が相互に緊密に連関しており、経済において私的領域はほとんど存在しないことが社会における私的行動を困難にした［奥村 2009: 273］ことで、政治と経済の一体化が可能であった。しかし、市場経済化は、個人の自由な行動を前提とする経済においては多様性を目指しながらも、政治は既存の体制を維持しようとすることにほかならず、その齟齬が常に地域における政策実行段階において顕在化することになる。

この齟齬を象徴的に反映しているのが、文化産業化の一環として実行されている「紅色旅游」の観光開発である。中国共産党辧公庁と国務院辧公庁から2004年12月に発表された『全国紅色旅游発展計画綱要』には、「十分に革命歴史文化資源を発掘・活用し、紅色旅游を積極的に発展させ、愛

国主義と革命伝統の教育を広く展開し、偉大な民族精神を大々的に発揚・育成し、民族の凝集力を絶えず強化し、革命老区の経済社会の協調発展を推進する」と明記されている（全国紅色旅游発展計画綱要より）。このような「紅色旅游」は、改革開放以前の革命の聖地である陝西省の延安の見学、革命根拠地や封建的な地主と日本植民地による人民に対する迫害や搾取を糾弾する博物館の参観などの愛国主義教育を彷彿させるものである。ただし、「紅色旅游」の出発点は、革命根拠地の経済的発展を目指した経済政策的決定であるという特徴をもっている。したがって、政治的意義と経済的意義のどちらを優先すべきかをめぐる緊張が高まることになる。結局、「紅色旅游」は、一方では観光であり、産業であり、経済活動であり、市場原理に適合しなければならず、他方では経済、社会両面での利益保障を困難にしている高圧的な政治の介入にも対応しなければならない［張 2008: 179］。革命の遺産として継承しながら、それらを生産力として産業化する資源の発掘は、貧しい西部、とくに象徴的な革命老根拠地の少ない地域では、観光開発として成立するのだろうか。地元行政と地元民にとってこのような観光開発はいかに実行され、彼らはいかに経済的意義と政治的意義のバランスを図っていくのか。

　こうした問題は、「紅色旅游」にまつわる「真正性」をめぐって顕在化している。真正性、すなわち、国家が歴史文化的遺産に付与した政治的に正しいとされる正統な愛国主義とそれに付随する画一的な宗教観・歴史観は、市場原理にもとづく経済的要請や、地方行政・観光客・地元民といったさまざまなアクターの相互作用のなかで、不可避的な揺らぎをみせるのである。本稿では、雲南省の新平イ族タイ族自治県戞洒鎮の「紅色旅游」の一環として実行された歴史的文化遺産をめぐる観光開発を事例に、地元行政と地元民および観光客の反応や意思を手がかりに、歴史的文化遺産をめぐる「紅色旅游」における「真正性」の動態を明らかにする。

2 先行研究 「紅色旅游」の真正性

「紅色旅游」は、矛盾した概念である。一方では、革命の遺産が徐々に失われていくことを憂い、積極的に応急処置をとり、たゆまぬ努力で革命の遺産を保護することを企図している。しかし、もう一方では、革命の遺産と観光を結びつけることで、革命の遺産を消費される無形の商品へと変化させてしまう［張 2008: 177］。このように政治的意義と経済的意義の二つの側面から成っている「紅色旅游」に対する議論を以下で検討する。

まず、政治的意義における「真正性」の問題である。真正性を付与する国家に着目し、中国の民族観光において真正性がどのように獲得されるのかを検討した高山陽子は、中国における真正性の条件には、歴史的な正しさ（歴史文化）と政治的な正しさ（愛国主義）が必要で、どちらか一方だけでは、真正であるとは認識されないことを指摘した［高山 2007: 44］。歴史的に正しいことと、政治的に正しいことという二つのベクトルが異なる方向へ向き始めたとき、国家は国家としての統一性を保つために、文化財保護や国立公園などの様々な制度を制定し、歴史的に正しいことと政治的に正しいことを合致させたのである［高山 2007: 263］。政治的意義における歴史的な正しさと政治的な正しさを合致させて経済的意義につなげていく仕組みは、雲南省徳宏州における観光業を対象に検討し、宗教観光の特徴を考察・分析した長谷千代子も指摘している。長谷は、少数民族文化のかなりの部分が上座仏教という「宗教」と重なっている徳宏で、「少数民族文化」および「自然景観の美」を観光資源と認識している政府主導の観光開発は、「宗教」を観光開発資源化しようとするものであり、地元の人々の宗教感情からしても共産党の政治方針からしても問題が多い。そのため、建築様式やイベントなど、教義に触れずにすむ部分のみを観光資源化して、「宗教文化」と総称したと考えられるのである［長谷 2011: 219-20］。これは、歴史的文化遺産のなかで、政治的正しさに反する、あるいは矛盾する部分には触れず、政治的正しさに合致する部分だけを切り取り観光開発の資源にしていくという行政の実践を表している。このような観

光開発は、少数民族や少数民族自治地域を観光地として開発する場合、政府やアドバイザーたちが掲げる観光開発の論理と、地元民がもつ文化や生活に根ざした感覚、この両者の間には矛盾が存在するにもかかわらず、政府の方針に庶民が表立って反対することが難しい国情［兼重 2008: 158］とも連動する。よって、観光開発は、国家方針に基づいて政治的正しさに合致する民族の歴史文化だけが取捨選択され、観光開発の資源として愛国主義と矛盾することのない形で、観光客の目に触れるように「創造」される。つまり、観光開発の主体である地元行政は、国家方針のもとで「創造」した政治的意義（歴史文化のなかの政治的に正しい部分だけが残す）をもって観光収入という経済的意義につなげていることを意味する。同時に、政治的正しさと矛盾する歴史文化は「創造」によって取り残され、地元の歴史文化の観光開発とは無縁な存在として隔離されてしまうのである。

　一方で、上記のような地元行政が主導する歴史文化の「創造」が経済的意義と結びつく限り、観光開発は市場原理に沿った形で観光客との関係を考えなければならず、この点で「紅色旅游」も例外ではない。たとえば、経済的意義から観光をツーリスト側の階層による選好性という視角から考察した東美晴によると、観光対象は「ロマン主義的まなざし」によって見出され、「集合的まなざし」によって大衆が押し寄せる場となる。このような観光メカニズムは従来辺境とされてきたような場所をいきなり市場経済に巻き込む力をもっている［東 2009: 247］。このような力によって、観光ホストはツーリスト側のニーズに合った演出を提供するために、当地に居住している住民だけでなく、近隣地域からも民族工芸職人など経済活動目的の移動を促す［根橋 2009: 294］。観光化による経済的効果を観光移動の視座から捉える場合、観光ホスト側はツーリスト側の需要に応える形で観光開発を進めていることを説明している。このような大きな影響力を持っている観光客が、自らの必要からではなく、政治的意義によって「創造」された観光供給に容易に満足するのだろうか。また、観光ホスト側はいかにツーリストと国家方針の両方に矛盾しない「紅色旅游」開発をおこなうのか。さらに、商業活動などを通して観光客と接している地元民は、「創造」された歴史文化をどのように認識しているのか。

上記のような「紅色旅游」の「真正性」に加え、観光客の需要に応える観光開発の要素などをあわせて考えると、以下4点の課題の設定が必要となる。第一に、国家方針に沿った「紅色旅游」開発における地元行政の歴史文化遺産に対する認識を確認すること。第二に、歴史的正しさと政治的正しさという二つのベクトルの合致の具体的な形態を明らかにすることで、国家によって付与された真正性を検討すること。第三に、愛国主義教育基地の「創造」された歴史文化から取り残された歴史文化とその歴史文化主体である地元民の見解を確認すること。そして、第四に、「創造」された歴史文化と取り残された歴史文化を通して、観光ホストにあたる地元行政と歴史文化の主体である地元民、また、経済的意義に大きな影響力を持っている観光客の三者に対する考察・分析をまとめることで、「紅色旅游」をめぐる観光開発の真正性を明らかにすることである。

　本稿では上記の課題に沿って、国家方針に対する地元行政と地元民の意思を確認し、それらがいかに観光客を納得させる真正性につながっていくのかを明らかにするという目的に応えるべく、雲南省の新平イ族タイ族自治県戛洒鎮の歴史的文化遺産をめぐる観光開発を取り上げることにする。

3　調査地と調査方法

　雲南省の新平イ族タイ族自治県は、雲南省の中部を西北から東南方向へと延びている山脈の主峰である哀牢山（アイロウザン）の山岳地帯に位置している。昆明からは182km離れており、土地面積は4,223km²である。2005年の統計によると県の総人口は26.83万人で、少数民族人口は全人口の70.81％を占めている。さらに、少数民族はイ族が48.38％、タイ族が15.62％、漢族が29.19％を占め、その他ハニ族、ラフ族、回族、ベー族やミョウ族などがいる。

　新平イ族タイ族自治県の行政区域は二つの街道と四つの鎮、六つの郷で構成され、そのひとつの戛洒鎮は県境の西部の標高510mから2,000mの間に位置し、土地面積は198km²である。2010年末の統計によると、戛洒鎮

の行政区域は12の村民委員会と2の社区、195の村民小組に205の自然村に分かれている。全鎮の人口は2万9,552人で、男性が1万5,084人、女性が1万4,468人で、このうち農業人口は2万7,171人であり、全人口の92%を占めている。また、鎮にはタイ族、イ族、ハニ族などの11の少数民族が暮らしており全人口の80.5％を占めている。

　夏洒鎮の産業は、サトウキビや葉タバコ、稲作に加え、バナナ、マンゴーなどの果物の栽培があり、牛、ヤギなども飼育している。2010年の農民1人当たりの平均収入は3,001元で前年に比べ10.6％増えているが、全国農村住民1人当たりの平均収入に比べると51％程度にとどまる。近年、「民族文化大省」方針のもとで、民族風情、自然資源、民族工芸、民族的特徴のある飲食の開発による産業化を積極的に進めており、哀牢山と花腰(ハイヤオ)タイ族観光が次第にブランド化したことで、観光客も増え、観光収入が県の経済収益の中でかなりの部分を占めるまでになっている。

　夏洒鎮の南側の哀牢山中には石門峡という自然資源を生かした自然風景区が開発され、夏洒のタイ族の一支系であるサニ人集住村は夏洒大檳榔園という生態村として注目されており、夏洒鎮の西側の土鍋寨は花腰タイ族の最も古い陶器工芸村として人気を呼んでいる。その他、本稿の研究対象である隴西世族庄園(ロウセイ)（豪族荘園のことで以下では庄園と称す）、茶馬古道、李氏宗祠、跑馬場、潤之(ルンズ)中学などが古跡文物として、さらには「紅色旅游」として観光開発されている。

　1942年に建設された庄園は、哀牢山の原始林の奥底の地帯にある新平県夏洒鎮大平掌に位置し、鎮政府耀南辨公所が管理をおこなっている。1938年から5年の歳月を要して建築された庄園は、ヨーロッパ中世の防衛機能を備えた砦風の建築様式を取り入れただけでなく、地元の寒冷な気候に対応できる暖房機能や釘などを使わず接合させるといった当地の匠の技が凝縮された木造建築である。北東の方角に向いている正門の前には広場があり、広場の端には高さ2mの12本の大理石の柱があって、柱の上には十二支が彫刻されている。正門の上には「隴西世族」という大きな文字が刻まれている。全体の建築は2階建てになっており、敷地面積は2,800㎡である。主な建築部分は、前院、中院、大院、正堂に分かれていて、58

写真1　広場の十二支の彫刻

部屋が用意されている。庄園はひとつの園林建築として、郷土の生気のある新平の伝統的庭園構造が建築の真髄を示している。共産党の政権獲得直後と文化大革命による混乱のなかで、建築や書画などが被害を受けることもあったが、大理石の彫刻、赤い椿の木彫りや絵画、書道などは、比較的に保存状態が良く、芸術の宝庫とされ、また、ヨーロッパの建築技術と地元の匠の技が融合した建築物としても、古い土司制の繁栄の歴史を表している。

　このような歴史的文化的価値を有している庄園は、新平の官、匪、商の三位一体の総代表であったと言われている李潤之の邸宅である。その家系は、清乾隆33（1768）年にその祖先の李毓芳が農民暴動を鎮圧した功績を称えられ、乾隆皇帝から「云騎尉」という世襲的職を与えられたことに始まる。子孫の李顕智も皇帝から「岩旺土把総」という称号を与えられ、その後数代にわたって世襲的に土司に君臨していた。李潤之は世襲土司の末代で、1926年に破格的に雲南陸軍第五独立団少将団長兼新平、鎮源、景東、黒江、双柏など五つの県の連防指揮官に就任し、大理に駐在しながら滇西[6]「護路」を担当した。その後も、国民党の統治に準じて、五つの県を中心に強盗の討伐の指揮官を務め、新平県自衛予備大隊の隊長、国民党反共産党自衛義勇軍の総指揮官、雲南省反共産党救国軍の総司令官などの

職務に就いていた。

　哀牢山の最高統治者となった李潤之は、哀牢山の政策、軍事、経済、文化、教育などを発展させ、ひとつの強固な「山中楽園」を築こうと試みた。李は、軍事、政治、財界などの要員と密接な関係を維持しながら、自分の軍事力を強化するために銃などの武器を製造販売し、修理も請け負った。経済面では織物工場、製鉄や鋳鍋工場などを経営しながら河辺街で貿易中心地を目指していた。同時に、李氏はアヘンの密輸をおこなったり、支配圏の住民に多くの課税を負わせたり、偽銀貨の造幣をおこなうなどとして、10年あまりの間に莫大な資本を蓄積し、急激に富を蓄えた。一方で、彼はこの資本から、社会を構築するために必要不可欠な最も基礎的な部分である文化と教育事業に投資し、大平掌に「潤之中学」を開設した。

　国内戦のなかで共産党は、李潤之に共産党への協力を求め、要員を派遣し度重なる説得をおこなってきたが、李は応じることなく抵抗を続けた。その結果、封建的な残存勢力としての李と共産党勢力との間には激しい全面的な戦闘が繰り広げられた。結局、李潤之は共産党に囚われ、1951年3月に公判によって新平県で銃殺に処された。

　本稿で取り上げる事例対象地である夏洒鎮の庄園に対しては、2011年3月と2012年8月に調査をおこなっている。調査は、長年にわたって雲南省のイ族、タイ族居住区の調査をおこなっている文化人類学者（R氏）による地元の案内と紹介に加え、関連専門知識の提供という協力のもとでおこなわれた。調査データに加え、夏洒鎮政府機関が運営しているホームページと県鎮行政によって編集された書籍も活用している。具体的には、古跡文物と言われる庄園と、関連施設としての河辺街、茶馬古道、李氏宗祠、古李氏邸宅、潤之中学などで見学、調査をおこない、それにまつわる人々の見解をR氏やその他の地元協力者の証言から得ていた。

　このような調査対象の設定は、本稿の目的である歴史的文化遺産の観光開発の真正性を問ううえで、二つの意義を持っている。ひとつは、比較的革命根拠地が少ない地域や少数民族地域において、「紅色旅游」の真正性がいかに表象されるのかという点を集約的に表していることである。もうひとつは、鎮や県行政が運営している「紅色旅游」の対象として古跡文物

を調査研究対象にしたことで、地域行政が民と国家の間の真正性をめぐる齟齬に対していかに対処しているのかを考察できるということである。

以下では、まず庄園という文化資源を愛国主義教育基地として開発していく、地元行政の大まかな意思を確認していくことにする。

4 地元行政の愛国主義基地としての庄園

国家の「紅色旅游」開発方針による地元行政の愛国主義基地としての庄園に対する見解および根拠は、以下の事例から確認できる。

まず、庄園は新平県人民政府のホームページでは「景区景点」というカテゴリーで紹介され、「紅色旅游」と明確に示されている。その内容は、庄園の正門の写真と庭園の屋根群を映した写真に加え、庄園は「国家2A級景区として省級文物保護単位（文化財保護対象）である。自然景観の集まりと人文景観とが一体となった新平土司制歴史の縮図であり、滇中解放戦争期に最も激しい戦いがあった陣地であった」と記されている（新平県人民政府HPより）[7]。ここで言う土司制とは[8]、歴代の中央封建王朝が辺境の民族地域の統治を強化し、国家統一を実現するために実施した制度である。中央統治とは離れていて風俗が様々である辺境地域に対して、王朝は内地の統治制度とは異なる土司制を実施し、新平県では1524年の元憲宗時代に始まり民国初期時代まで続いた。土司が自分の管轄区域内で本民族の状況に応じて管理をおこなう前提として、土司になるには、まず朝廷から任命され、派遣された地方官員であること、朝廷が規定した各種義務を実行することを承認することが求められた。このことによって初めて、王朝によって土司による民族地域の世襲的統治権が合法的であると認められた。

次に、新平イ族タイ族自治県の各行政の党委員会と政府機関の主導によって、編集会が組織され出版された『新平イ族タイ族自治県概況』によると、庄園は「まず、一つの土司世族の隆盛から衰退の歴史の記述であり、比較的整った土司制の遺跡文化を反映している。次に、庄園に残され

た彫刻品、絵画、書画は新平の歴史文化遺産のなかで最も貴重なものである。さらに、貯蔵されていた文化古典は大きな価値を有している」と記述され、文化遺産・遺跡として紹介されている。

　さらに、新平県戛洒鎮人民政府のホームページは、清明節（先祖の墓参りの日）には毎年行政幹部らが烈士記念碑を訪れ哀悼の意を示す恒例行事が紹介されている。2012年4月の清明には「戛洒鎮幹部職員の耀南征糧剿匪（食糧を徴集して強盗を討伐する）烈士陵園における植樹と掃墓による哀思の意」という記事が掲載されていた。記事は、1940年代末と50年代初期の新平の征糧剿匪闘争中、解放軍が国民党勢力および地覇武装勢力と勇敢不屈に戦ったこと、その戦いで犠牲になった烈士を記念して建てられた陵園に行政幹部らが訪れたこと、この行事で、参加者らが烈士記念碑周辺の掃除をおこない、5本の柏樹を植えたことが紹介され、このような活動自体が愛国主義教育の一環であり、参加者らは烈士たちの遺志を受け継ぎ、戛洒の改革、発展と繁栄に自らを捧げると意志表明をしたという内容が掲載されていた（新平県戛洒鎮人民政府HPより）[9]。

　行政資料を通して見てきた庄園は、新平の土司制歴史の縮図で、貴重な建築物および文化古典など歴史文化という側面と、国民党の地覇武装勢力と共産党との戦いのなかで多くの解放軍が犠牲になったという側面から、愛国主義教育基地として観光開発の対象になったことがわかる。二つの側面のなかで愛国主義的基地としての「真正性」にかかわる要素としては、現政権を支持した多くの解放軍戦士が犠牲になった場としての遺跡といった政治的ベクトルと、土司制歴史の縮図である歴史遺跡としての遺産という歴史的ベクトルが提示されているのである。一方で、土司制歴史の縮図と評しながら、その主体である李氏世族と李潤之に対する紹介があまりおこなわれていないことが指摘できる。

　以下では、実際の庄園とその展示を通して国家から付与された「真正性」——歴史的正しさと政治的正しさの合致に関して検討する。

5　国家から付与された「真正性」の検討

　庄園の正門に向かって左側には、雲南省人民政府が2007年10月に立てた省級文化財保護対象であるという碑とともに、荘園建築の紹介と愛国主義教育基地であるという主旨の碑文が公示されている。

　庄園には58部屋があり、そのほとんどに李およびその家族のゆかりの品が展示されており、中院の2階の部屋を中心に紹介パネルが壁に並べられている。以下では、表にまとめたパネルの題と内容の紹介を通して庄園の政治的意義と経済的意義を検討する。

　上記のパネル紹介は大きく二つの観点から分類できる。一つ目は、李の個人史から見る個人の履歴、勢力範囲と事業展開などがあり、二つ目は、李勢力と共産党との戦い、犠牲になった共産党側の解放軍などの紹介である。解放軍と李勢力との戦いの激しさは、現在も庄園の外壁に残されている銃口や1950年当時解放軍によって書かれていた「剿滅特務（スパイ）土匪保障人民生命財産！」という標語に現れている。激しい戦いの末、解放軍が多くの犠牲を払いながら勝利を収めたことがわかる。共産党の政権獲得のために多くの犠牲を払った解放軍を顕彰する意向は明確であって、

写真2　庄園の一角

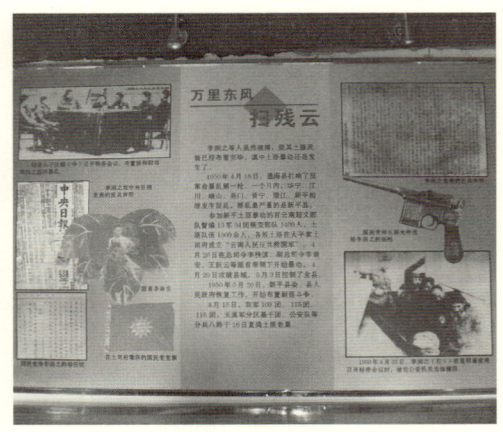

写真3　パネル⑪

表1　庄園の展示パネルの内容

	パネルの題	内容
①	はじめに	李の略歴とその勢力範囲であった5つの県を地図で紹介
②	鴉片	アヘンが紀元7年から8年の間に薬剤としてインドから中国へ輸入された草本植物であると紹介したうえで、人体への悪影響を記述
③	冨昌隆1	莫大な資金を蓄えた後、李により「冨昌隆」が組織されたこと、官塩の独占、鋳鍋工場、織物の工場、銃器修理工場、貨幣鋳造工場開設などと、その規模を写真で紹介
④	冨昌隆2	李が設立した中学校と河辺街の風景、元李氏邸宅、李氏祠堂、李氏家族の墓地などを写真で紹介
⑤	天下李氏―出隴西	隴西世族の紹介
⑥	風雨蒼桑―土司府	土司制度と土司府の簡略説明
⑦	隴西世族―李潤之	李潤之の個人史
⑧	云山霧海―固基業	邸宅の写真紹介
⑨	敢教日月―換新天	共産党側の犠牲者に対する哀悼の意と1951年李潤之勢力に対する公判の写真
⑩	雨腥風	李を代表とした「土匪暴動」の日時を紹介
⑪	万里東風―掃残云	李の逮捕後の残余勢力による継続的な暴動とそれに対する共産党の鎮圧、李の反共産党声明文、1950年4月23日の李潤之の逮捕時の写真を紹介
⑫	千釣霹靂―開新宇	中国人民解放軍が夏洒大平掌を包囲し、李に投降を進めたことと、それを拒否した李が昆明で逮捕された経緯を紹介
⑬	滇中烽火	滇中地域における共産党組織と行政区域の紹介
⑭	碧血丹心	「土匪」（李潤之勢力）との戦いで亡くなった12名の革命烈士の紹介と犠牲者数などが紹介され、彼らの英魂が哀牢山と共に生きると記述
⑮	おわりに	「征糧剿匪は、反封建勢力の激しい階級闘争で、革命のために命を捧げたあなたたちを人民は永遠に記憶し、あなたたちの名声と業績は末長く伝えられ、決して滅びることはない」という、『滇中烈士党史人物選編』で抜粋した烈士たちへの哀悼文が大きく掲げられている

その政治的意義は庄園の歴史建築、彫刻品などの文化財を回収することでその「真正性」が確保されるはずであった。しかし、李という人物の歴史に触れたことで、何か回収しきれない部分として様々な疑問や違和感を見せることになっている。

　なかでも最も顕著な問題が、一連のパネル展示には愛国主義教育としての大切なプロセスが曖昧にされ、説得力に欠けていると言わざるを得ない部分があるという点である。本来、愛国主義基地の展示および解説は次のようなストーリーで構成されている。中華人民共和国以前、人民は封建支配に苦しみ、封建統治者である土覇や地主は人民の財産や命を脅かして人民を搾取することで、富を集めて権力を強化していた。共産党はこのような塗炭の苦しみから人民を解放するために立ち上がり、人民のために土覇や地主という封建勢力と戦い大きな犠牲を払うことになったということである。だから、人民は愛国主義教育基地を参観・学習することを通して、自らのために命を捧げた烈士を忍び、烈士から愛国主義と革命伝統を代々受け継ぐ必要があるというのである。

　庄園の外壁に解放軍によって書かれていた標語には、人民の生命や財産を守るために、スパイである李を討伐するのだと書かれている。しかし、上記で見てきた施設の歴史文化財と紹介パネルには、解放軍と李の戦いのほかに、李が人民の生命と財産を脅かしたという揺るぎない証拠がなかった。つまり、李が人民の生命と財産を脅かしたという証拠の提示が普遍的なストーリーと比べると欠如しており、愛国主義教育としては疑問を残すことになる。このような疑問を生み出すプロセスの曖昧さは、一方では愛国主義教育基地であるという国家方針に沿ったものという主張ができると同時に、李が山岳民の財産や命を無差別に奪ったという内容をめぐり、「認める」と「認め

写真4　外壁の標語

第3章　観光開発をめぐる歴史的文化遺産の真正性　73

ていない」という、相反する二つの主張を同時に用意するといった点で、ストーリーのズレとして現れている。要するに、庄園は、ストーリーのズレによってはじめて、政治的正しさに合致する歴史的正しさを有する歴史文化を抽出することができるのであり、この点で「政治的意義と歴史文化の共存」が「創造」されたのである。

　ストーリーのズレによる「政治的意義と歴史文化の共存」とは、ひとつは共産党と国民党の戦いのなかで、現政権のために命を捧げた多くの人々を追悼する場として、庄園がもつ政治的正しさである。もうひとつは庄園の建築、彫刻、土司制の歴史文献などの文化財のなかで、上記の政治意義に合致すると判断される歴史文化の部分である。このような共存関係は、政治的正しさと歴史的正しさの合致による「創造」から取り残された歴史文化を排除あるいは曖昧にすることで可能となっているのである。つまり、地元および地元民にとっての李の波乱万丈の人生がもっている意義は「創造」から取り残されたのである。愛国主義教育基地として庄園の教育効果に多くの疑問や違和感を呈している李の個人史は、相反する両義性から成っている。李は、莫大な財力と権力が不法で非道徳的なアヘンの密輸、ケシの栽培、偽銀貨の製造によって築き上げたことが明らかである。だが他方では、その財力や権力でもって地元の経済を支え、地元に初の中学校を創設するなど社会や人民に対する貢献をなしている。つまり、この庄園自体がストーリーの意図的なズラシによる「政治的意義と歴史文化の共存」を前景化しながらも、政治的正しさに合致する、いわゆる歴史的に正しい部分を取捨選択した愛国主義教育基地なのである。それによって、李の両義性は「創造」から取り残され、参観者に疑問をもたらすこととなるのである。

　上記のストーリーのズレに関して観光客はどのように理解しているだろうか。庄園の参観者は、李が人民の生命と財産を脅かした人民の敵であるという証拠の確認ができないまま、外壁に書かれていた標語に辿りつくことになる。標語を読んだある参観者は、その仲間に「結局は『勝者為王、敗者為寇』だね」と言い、筆者も思わずうなずいた[10]。「勝者為王、敗者為寇」とは、中国の古代に伝わることわざで、政権を奪い合う闘争のなか

で、勝利した側は合法で、帝位や王を名乗ることができるが、敗者は不法で、泥棒の類と冠せられることを意味する。つまり、勝者は権勢を手中に握り、それを大胆に非難をする人もいない。一方、敗者は口があっても弁明できないという意味である。つまり、勝者としての現政権によると、犠牲になった解放軍は真正性の主体たるものであり、敗者である李は土覇で排除すべき勢力として表現されるという意味である。李が国民党と連携することで共産党とは敵対関係になり、必死の戦いの結果、解放軍に敗れたということが、政治的意義としての愛国主義とは一線を画した形で、客観的に参観者に捉えられていることがわかる。したがって、愛国主義教育としての「政治的意義と歴史文化の共存」という「創造」におけるストーリーのズレは、「勝者為王、敗者為寇」という原理によって回収され、観光客に理解され、受け入れられていたことが明らかなのである。

　以下では、「創造」された庄園から取り残された歴史文化を確認する作業として、庄園の関連施設と地元民の見解を検討する。

6　「創造」から取り残された歴史文化

　以下では、庄園の関連施設としての旧李氏邸宅、李氏祠堂、李が創設した潤之中学、貿易市場であった河辺街についての保全状況と地元民の見解を記述する。

①旧李氏邸宅

　庄園に引っ越すまでに李氏世族が過ごしていた東関岭の旧邸宅は、現在に至るまで住宅として使用されてはいるものの、保存状態がかなり悪く、大理石で築き上げた正門といくつかの柱、一部の礎石、柱に残された彫刻など、建物の一部がわずかながら残されているのみで、かつての建築構造の全容を見ることはできない。李はこの邸宅で生まれ育ち、李氏世族の繁栄期はもちろん、李が権力と財力を最も築き上げた時期も、この邸宅で暮らしていた。庄園に引っ越してから10年足らずにして、李は地元の他の

第3章　観光開発をめぐる歴史的文化遺産の真正性　75

反対勢力や共産党との戦いで下り坂の人生を過ごすことになり、最終的に共産党に囚われ銃殺されてしまう。地元出身であるR氏によると、住居はそこに住む人の総体的運勢と一致すると考える地元民は、李氏世族の繁栄と衰退の原因を邸宅の風水的な立地条件にあると認識している。たとえば、旧邸宅の前後は気の流れを妨げる障害になるものはなく、吉と福が開かれていて好運をもたらす地相をもっている。しかし、庄園は防衛的な側面を重視し大平掌白虎山虎跳崖という絶壁の下に建築したために、結果的に運気を断ち切ることになったということである。この解説には、李氏世族の繁栄と衰退を運勢的に見る傾向（政治的現見地から見れば「迷信」として退けられるもの）があり、政治的な意義とは相反する側面を見せていることがわかる。

②李氏祠堂

　旧李氏邸宅から遠くない村の入り口にそびえ立つ李氏祠堂は、1768年（清乾隆33年）に建設され、唐朝時代は辺境開拓指揮所、宋朝時代は茶馬古道の辺境の要衝[11]、元朝時代は官道の宿駅、明朝時代は鉱山の官吏を監督する仮の御所などに使われ、民国以降から隴西世族の先祖を祭る李氏祠堂として使用された。中華人民共和国成立以降には小学校として利用されていたが、現在は泊まり込みの門番がいるだけである。一般に開放されてはいないが、参観を申し込むと門番は快諾してくれた。李氏祠堂は、旧式の木造建築の四合院[12]で、2005年に新平イ族タイ族自治県の人民政府によって県文物保護対象（有形文化財）になっている。保存状態は比較的良好で、歴史文化施設としての保全と開放が予定されているのかどうかは定かではないが、建物を利用していた小学校はすでに引っ越していた。四合院の庭の真ん中の花

写真5　李氏祠堂

壇にはいろいろな草花が咲いているが、庭の掃除が行き届いていないのか所々にコケが生えていて滑りやすくなっている。正門の真正面にある祠堂の正堂には祖先の霊を祭る位牌などはなく、穀物が干されていて、その他の3面の2階建てとなっている部屋には、小学校であった痕跡がそのまま残されている。李氏祠堂としての復元はされてないものの、当時の権勢をうかがうには十分な威厳を有している建築物であった。土司制の基にあった李氏世族の権力と財力の縮図といった感があり、歴史文化財としての意義が歴然と伝わってくるものである。

③潤之中学

　李が建てた潤之中学は、1947年（民国36年）に建設された敷地面積が4,734㎡の木造建築を中心にした旧式の四合院構造をしている。民国期には周辺八百里の哀牢山脈のなかでは唯一の私立の洋式の中学校で、造幣所、武器修理所、織物工場などを統括していた「富冒隆」商業の本部もこの建物の中にあった。1970年代に一度は中学校となり、その後は耀南小学校として現在に至っており、施設の管理は今も小学校がおこなっている。2005年に新平イ族タイ族自治県の文物保護対象となり、小学校は潤之中学のすぐ近くに校舎を新設し、引っ越しはほぼ完了した段階にある。施設内には小学校であった跡が依然残されているが、建築物自体の保存状態は非常に良好で、紹介に当たった小学校の教員は、建築に使われた木材や大理石の購入や運搬、建築設計、彫刻、工事などには大きな資金が投入されていたと紹介した。とくに印象的であったのが、柱の大理石に刻まれている繊細で光沢感にあふれる彫刻に対する紹介であった。この光沢や重量感を出すために、やすりなどの道具がない時代に李は銀貨で彫刻を磨き、そこから落ちる銀粉の量があまりにも多いので、それをもって建設に参加した労働者の給料を払ったという逸話がある。もとの中学校は、李が多くの工場経営や貿易をおこなうなかで、教育と文化の重要性を認識して、今後の地域社会の将来においては知識が不可欠だと判断して設立した学校で、学校運営に多くの資金援助をおこなっていたという。その他、洋式の石組でできた、幅4ｍ、高さ9ｍの正門の真上には隴西世族の家紋が

写真6　潤之中学　　　　　　　　写真7　銀貨で磨いた彫刻

彫られ、左右の大きな大理石には学校の碑文が刻まれ、向かって右側には創設当時の中華民国37年9月1日づけの李の「創辦潤之中学縁起」文と、左側には私立潤之中学校董會同人による「私立潤之中学記念」文が完全な形で保存されている。また、土覇である李の名前や家紋、文章などが国民党の旗とともに学校の正門に残されている。こうしたものが、現在に至るまで完全に保存されたケースは珍しいが、それなりの理由があった。李の名前である潤之は毛沢東の別名でもあり、このような「縁」のおかげで、国内戦の直後と文化大革命の混乱期のなかでも破壊されず保存されたという。要するに、大きな財力で地元の経済と教育に貢献したという側面から李を評価しているだけでなく、李ゆかりの潤之中学に毛沢東の字との関連から政治的要素を見出し、それを流用することで守ってきたのである。

④河辺街

　交易の市場であった河辺街は、山と山の谷間に流れる河辺に沿って形成されていた市場であるが、現在では森林に覆われて当時のにぎわいや繁栄を物語る痕跡は何ひとつ残されていない。以前は、家畜、穀物、綿花、岩塩などの交易が連日おこなわれ、人々は四方八方から河辺の道を利用して交易の品を運び、遠くビルマから密輸の鴉片も絶えることがなかったという。河辺街を中心に両側の山の斜面には、李氏世族の馬具製造、織物、兵

写真8　河辺街の現在

器修造、造幣などの工場が建ち並び、賭博場まで経営されていた。河辺街は、李氏の権力範囲のなかでも最大規模の交易の場であっただけでなく、他の地域の貿易の相場を決める経済貿易の中心地であった。当時の繁栄ぶりがまったく残ってない現在、地元民は李によって支えら[13]れていた地元の繁栄期を懐かしみ、当時の歴史は人々の記憶のなかで生き続けていることがわかる。

　地元民にとって李が、地域経済や教育において評価されていることは明確である。地元民が李の罪責を軽減させようとする傾向は、次のような言説にも現れている。まとめて列挙しておく。「李は製造した偽銀貨に含まれる銀の含量は本物に劣らなかった」「李は自分の権力圏内ではそれらの偽銀貨の使用を禁止していた」「国民党が禁止にしていたケシの栽培も、李は『山岳民が食べていくためには仕方ない』と栽培を進めた」「農業をおこなう多くの山岳民が、李からの呼びかけがあるとすぐに応じて兵士となって彼のために戦った」「多民族居住地であるが同じ山岳地域を生きる兄弟であると、民族差別は強くなかった」「重い課税を負わせることもあったが、地元への功績は大きい」などの言説である。それらは、政治的意義における「人民の敵」というイメージを払拭させる見解として理解することができる。

　つまり、地元民の立場からすれば、自然環境に恵まれていない山岳地帯で生き残るためには、ある程度の不当な手段はやむをえなかったという、山岳民の生活に根差した見地から李の両義性が理解されているのである。このことが、地元の経済を支え、教育を推進させようとした李の貢献とともに地元民に受け入れられていることが明白に読み取れるのである。

7　おわりに 「紅色旅游」の「真正性」

　振り返って課題を考えると、第一に、地元行政は愛国主義教育基地としての根拠の乏しい資源である庄園であるにもかかわらず、積極的に「紅色旅游」という国家の方針に従い、地域経済を促進させようとする。第二に、庄園における歴史的正しさと政治的正しさの合致は、ストーリーをズラすことによって、国家から付与された「真正性」つまり愛国主義に沿ったものになるように地元行政によって「創造」されたものである。第三に、「創造」から取り残された歴史文化は、地元の経済や教育の文脈で評価され、地元民のなかで脈々と生きている。第四に、「政治的意義と歴史文化の共存」は、一方では国家の方針による愛国主義教育基地としての意義、他方では地元民が脈々と受け継いできた地元の経済的繁栄と教育への貢献という李のプラスの側面、つまり、国家によって付与される「真正性」と地元民の意思とのはざまで、地元行政によって「創造」されたものである。

　地元行政は、一方では、土司制歴史の縮図と評しながら、その主体である李氏世族と李潤之に対する紹介をあいまいにすることや、展示においてストーリーのズレを生じさせることにより、政治的正しさと歴史的正しさの合致という、愛国主義教育基地としての国家方針に従った観光開発を施行する。他方で、ストーリーのズレを生じさせることによって、地元民の李に対する見解に背くことのないように隴西世族庄園の観光開発をおこなったのである。このような両義的なストーリーのズレは、国家方針と地元民というはざまを潜り抜けただけでなく、観光客には「勝者為王、敗者為寇」という原理導入を促し、本来の愛国主義教育基地としての目的からはずれた形での第三者的評価につながったのである。

　このように客観的な評価を引き出す「勝者為王、敗者為寇」という原理導入を必要とする装置は、庄園だけでなく、その他の地元の特産品の販売店でも確認することができた。近隣で最も経営規模が大きいレストランと土産物屋を運営して成功している[14]ある経営者は、地元の観光開発の有力者であり、観光客のニーズにも精通している。彼の土産物屋では、地元産の

漢方薬材、奇石、希少価値のある彫刻品、天然石の装飾品などが販売されている。あふれんばかりの商品が並べられている華やかな室内でひときわ目を引くのが「優秀共産党員」という垂れ幕が掲げられた壁一面の愛国主義関連品のコーナーであった。毛沢東像や写真、文献、行政機関から授与された多くの「栄誉証書」が飾られており、一部は商品として売られている。このような室内の愛国主義関連コーナーと対照的に、店の入り口の一番目立つところの木造の台座には、直径約 20cm の特製の皿が置かれていた。皿には、「毛主席和他的親密戦友林彪同志検閲文化革命大軍」（毛沢東と彼の親密な戦友である林彪同志が文化革命の大軍を検閲）という文字に加え、毛沢東と林彪が並んで映った文革期に撮った写真がプリントされていた。

　林彪は 1925 年に共産党に加入してから一途に共産党政権に忠実であった。1960 年頃からは国防部長となって、毛沢東思想の学習や宣伝の先頭に立ち、1966 年からの文化大革命の運動中で頭角を現し、1969 年の党規約では毛沢東主席の後継者と明記されるほどであった。しかし、1971 年 9 月には武装クーデターを起こして失敗し、旧ソ連へ亡命する途中、モンゴルのウンデルハンで墜落して死亡したと公示されていた。その後、1973 年には林彪は孔子批判に結び付けられ「批林批孔運動」が巻き起こり、林彪は反逆者となり、その「反動的・反革命的」思想が批判の的となった。

写真 9　愛国主義関連品コーナー　　　写真 10　店の入り口にあった皿

最終的には文化大革命の左派であった「四人組」と結びつけられ「林彪・四人組反革命集団」であると公示されている。

　このような「反革命分子である林彪」を毛沢東の同志であるとした言説は、「優秀共産党員」と明らかに矛盾する「二つの言説の共存」である。しかし、「勝者為王、敗者為寇」という原理を導入するとその矛盾は解消する。それに加え、敗者に対する再評価を社会に訴えかける効果までも生んでいるのである。

　このような装置は、時代のさまざまな規制に縛られていながらも、体制の成立を支える力を縮小あるいは解体させる方向性へと動態的変化を示しており、「紅色旅游」を再考させる役割を果たしている。また、地元の歴史文化の伝統的価値観と愛国主義の伝統的価値観を相互に中和させる機能も備えており、「勝者為王、敗者為寇」のような客観的な思考を促す作用がある。

　したがって、「紅色旅游」は、単に国家権力によってもたらされる「真正性」だけではなく、同時に民の力によってもたらされるものであり、要するに官と民の相互作用によって構築されている。「紅色旅游」をめぐる観光開発は、国家方針と地元民の間における地元行政の工夫、第三者的な評価による観光客の理解、および歴史文化を脈々と伝えていく地元民の意思が相互作用した結果である。

　このような相互作用の存在は、観光開発をめぐる歴史文化遺産の「真正性」を次のように捉え直すことを求めている。まず、地方行政にとっては、中央方針と民および観光客というアクターとの間で相互作用する政治的・社会的力学ゆえに、曖昧さを残した「創造」とならざるを得ない。「真正性」の「創造」をめぐる、この不可避的な曖昧さが、観光客にとっては、国家主導的な画一的なストーリーに対する客観的で総合的な判断を促す効果と結びつくと同時に、民に対しては地方行政の「創造」から取り残された部分を生活の視角から拾い上げることをも促しているのである。総じて、「真正性」とは、常に自ら変化し他者によって変化させられる主体と、越境的な力学によって相互作用するさまざまなアクターが構成する動態のなかに現象しているのである。

最後に、愛国教育基地としての歴史文化遺産の観光開発は、国家自らがつくりあげたナショナリズムによる「国敵」が、社会的共同体によって「郷土愛」として捉え直される点においても重要な意義をもっている。

注

1　温飽問題とは、「最低限の生活維持が困難な状態に陥いる」状況を意味している。
2　1980年代半ばに鄧小平によって打ち出された改革開放政策の基本的理念のひとつとして、条件が整った一部の人や一部の地域から豊かになり、その波及効果で他の落伍した者や地域を助けよという意味である。
3　「民族文化大省」は、1996年12月に雲南省委員会によって提唱された文化産業化を指しており、多民族地域であり、多様な民族文化を有している地域の特徴を生かすことを意味する。2000年12月には「雲南民族文化大省建設綱要」が制定され、2001年12月の雲南省第七次党大会では「民族文化大省」建設が省の経済社会発展の三大目標のひとつとなった。
4　革命老区は、中国国内戦と抗日戦争期における中国共産党の革命の根拠地の略称である。
5　生態系における生物の共生と物質循環・再生原理およびそのシステムを利用した、農業自然生態システムに近い、郷土気質をもった村落規模の生態区である。
6　滇西は、大理、楚雄、怒江、保山、徳宏地域のことである。
7　滇中は、昆明、玉渓地域のことである。
8　http://www.ailaoshan.com/showpic.asp?pic_id=270 の「景区景点」。
9　http://xxgk.yn.gov.cn/canton_model2/newsview.aspx?id=1769236 の「公衆監督」。
10　2012年8月24日の筆者の参観時にあったデータである。
11　茶馬古道の名は、雲南の茶とチベットの馬を交換した交易路であることから付けられた。
12　四合院は、中国の伝統的建築家屋で、東西南北を取り囲むように家屋があり、真ん中が庭となっている。
13　R氏（李氏家門の子孫や周辺村民に調査をおこなっている）や2012年8月の調査に協力した学校関係者などが中心となる。
14　来店する観光客に関する詳しい統計はないが、筆者が訪れた2012年8月24日は、

平日であったにもかかわらず、観光客で賑わっていたし、経営者も来店する観光客が少なくないと語っていた。

【参考文献】

東美晴、2009、「現代中国における社会階層と観光移動の諸相」根橋正一・東美晴編『移動する人々と中国にみる多元的社会』明石書店、222-249頁。

兼重努、2008、「民族観光の産業化と地元民の対応 —— 広西三江トン族・程陽景区の事例から」愛知大学現代中国学会編『中国21』Vol. 29、133-160頁。

片岡樹、2011、「跨境民・ラフ族」愛知大学現代中国学会編『中国21』Vol. 34、225-242頁。

国家統計局編、2001、『中国西部統計年鑑2001』中国統計出版社。

長谷千代子、2011、「仏塔のある風景 —— 雲南省徳宏州における宗教観光」愛知大学現代中国学会編『中国21』Vol. 34、207-224頁。

根橋正一、2009、「ツーリストおよび観光ホストの目的地としての観光地 —— 雲南麗江を事例として」根橋正一・東美晴編『移動する人々と中国にみる多元的社会』明石書店、250-276頁。

奥村哲、2009、「冷戦と中国社会主義体制 —— 歴史としての毛沢東時代」日本現代中国学会編『新中国の60年 —— 毛沢東から胡錦濤までの連続と不連続』創土社、269-292頁。

「新平彝族傣族自治県概況」編集委員会、2008、『新平彝族傣族自治県概況』民族出版社。

高山陽子、2007、『民族の幻影 —— 中国民族観光の行方』東北大学出版社。

張恩華、2008、「中国『紅色旅游』 —— 共産主義から消費主義へ、革命から余暇へ」愛知大学現代中国学会編『中国21』Vol. 29、161-182頁。

中国共産党弁公庁・国務院弁公庁、2004、『全国紅色旅游発展計画綱要』。

第4章
フィールドを歩く、出会う、考える、再解釈する
岡山でのフィールド調査を振り返って

川端浩平

1　はじめに

　2002年の夏から出身地である岡山で参与観察と聞き取り調査をベースとしたフィールドワークをおこなってきた。その主な研究対象は在日コリアン、被差別部落関係者、ホームレスの若者など、いわゆるマイノリティと呼ばれる人びとだ。筆者自身の関心は、彼／彼女らの帰属意識とその変容、とくに非集住的な環境で育った若い世代の日常生活における差別／排除をめぐるリアリティを批判的に考察してみることにあった。そして、参与観察と聞き取り調査で得られたデータをもとに、彼／彼女らをとりまく日常性のリアリティをより効果的に描き出すためにエスノグラフィという手法によって記述して論稿としてまとめてきた。学術的なあるいは科学的な観点から筆者の研究調査を一言でまとめるとするならば、――地方都市で生活するマイノリティの帰属意識と差別・排除をめぐる質的研究に関するエスノグラフィ――ということになるだろう。
　一般的な感覚からすれば、このような調査は不可視化されやすいミクロな次元の社会問題を科学的に考察する手法かもれしない。とはいえ、ここ

には地域の特性（地方都市）や対象者の属性（在日コリアンなど）といったカテゴリーを実体化するような境界線も明確に設定されている。この舞台設定によって、読者は記述された人びとや彼／彼女らが生きる舞台となる場所をめぐる時空間を想像することが可能となる。つまり、そのような人びとと場所をめぐる時空間に対する想像力を担保することによって、調査者が描き出したフィールドというものを追体験することになる。

しかし、そのようなカテゴリー化された人びとや地理的な境界線は、知的な認識枠組みを反映したものであり、そこで生活する人びとの認識やリアリティとは乖離したものでもある。そしてまた、フィールドで生活する人びとや場所もまた常に変化するものであり、調査者と対象者や彼／彼女らをとりまくフィールドというものも変容していく。本稿で検討したいのは、フィールドワークや社会調査において、いかにしてこのようなフィールドにおける調査者／対象者・対象地域をめぐる動態的な関係性を捉えていくことができるのかという、オルタナティヴな方向性を検討してみることである。

以下本稿では、2節において、調査者と対象者の相互行為や同時代的な価値観を通じてフィールドが形成されていくことを確認する。続いて3節においては、そのように形成されていくフィールドを動態的に捉えるためのアプローチについて述べ、対象者や彼／彼女らが生活する場所の境界的性格や混淆性を捉えていくことの重要性について議論する。最後に4節においては、調査者／対象者の関係性の変容とともに変化するフィールドという視点から、調査者の認識枠組みやテーマそのものを再解釈することにより、オルタナティヴなフィールドワークの方法について検討する。

2　フィールドの形成

2-1　雪だるま式調査

まず、筆者のフィールドワークでのインフォーマントの獲得に重要な役割を果たし、「はじめに」で述べたような問題意識を抱くきっかけとなっ

たダイアローグ岡山の活動を振り返ることを出発点としてみる[1]。ダイアローグ岡山は、筆者も実行委員として参画したゆるやかなネットワークである。その活動の目的とは、多文化・多価値を抱えて生活する人びとの存在への理解を対話することによって深め、地域社会をより豊かな場所へと変えていくことをめざすというものである。オーストラリア国立大学大学院の博士課程に留学していた筆者は、博士論文執筆のための岡山での1年間のフィールドワークの最中にこの活動に携わるようになった。活動は2003年の6月15日のイベントに始まり、多文化社会や人権問題に対応する市民活動に関心がある人びととともに、研究者、映像作家、現代美術家との協働によって表1のようなイベントと月1回の茶話会をおこなってきた。

表1　ダイアローグ岡山の活動

日　程	イベント名	イベント内容	開催場所
2003年6月	ダイアローグⅠ	ミニサッカー大会＆BBQ	旧岡山朝鮮初中級学校
2003年11月	ダイアローグⅡ	カフェ	ホアランカフェ
2004年6月	ダイアローグⅢ	ミニサッカー大会＆BBQ	旧岡山朝鮮初中級学校
2005年1月	ダイアローグⅣ	ライブ＆映像	蓮昌寺
2006年6月	ダイアローグⅤ	ミニサッカー大会＆BBQ	旧岡山朝鮮初中級学校
2007年6月	ダイアローグⅥ	講演とディスカッション	岡山北公民館
2008年6月	ダイアローグⅦ	ウォーキング	鬼ノ城
2010年7月	朝鮮学校ダイアローグ	アートと記憶	旧岡山朝鮮初中級学校
2011年8月	朝鮮学校ダイアローグ	アートと記憶	旧岡山朝鮮初中級学校
2012年11月	朝鮮学校ダイアローグ	アートと記憶	旧岡山朝鮮初中級学校

このイベントが始まるきっかけとなったのは、岡山市駅前町で在日コリアン2世の女性が営む居酒屋での2人の在日コリアンの若者の小さな対話だった。2人は在日系の二つの民族組織に携わった活動に従事していた。金昌浩（1974年生まれ　韓国籍）は韓国の大学を卒業して岡山に戻り、活動を停止していた民団の青年会の活動を立ち上げてその会長を務めていた。もう1人の李俊一（1979年生まれ　朝鮮籍）は総聯の職員であった。昌浩の母親が営んでいる上記の居酒屋は、戦後に岡山で最大の闇市が形成された現在の駅前商店街の北側に位置しており、そこは在日が集住して生活していた場所でもあった[2]。この周辺には現在も総聯と民団の地方本部が存在しており、居酒屋には両者の職員や関係者たちが集った。ここで2人は、日常生活のなかでは緩やかに形骸化しつつある組織の対立を乗り越えるようなイベントをおこなうことができないかと語り合ったのだった。2000年代を迎えたかつての在日共同体は緩やかに溶解していき、それに伴って彼／彼女らの帰属意識も変容していたのだった。

　またこの居酒屋は、筆者にとって在日の調査を進めるにあたっては重要な拠点となっていった。フィールドワーク中は毎晩のように居酒屋に出入りしていたが、カウンター席に座っていれば、昌浩や俊一に在日の若者を紹介してもらえるのだった。いわば、居酒屋カウンターでの雪だるま式調査（スノーボール・サンプリング）が進んでいったのだった。そして、在日の若者調査を進めていた筆者にとって、2人が語った在日の若者のネットワークづくりはとても夢のある話であると同時に、多様な背景を持った在日の若者に出会う絶好の機会となったのである。私たちは、総聯や民団の青年会、彼／彼女らと交流のある日本の若者、さらには外国人留学生に声をかけて、すでに教育の場としての役割を終えていた旧岡山朝鮮初中級学校にてミニサッカー大会とBBQをおこなったのだった。さらにフィールドワーク中の2003年11月には、在日3世の女性と日本人の女性が共同経営するカフェでイベントをおこなった。これらのイベントを通じて、筆者は様々な在日の若者に出会い、インタビュー調査のアポを取りつけていったのだった。そしてこれら一連の相互行為を通じて、筆者にとってのフィールドという場が形成されていったのだった。

2-2　同時代的な追い風

　在日の若者のフィールド調査の展開はとても順調なものであったといえる。言い換えれば、筆者の研究調査の関心に沿った在日の若者に出会うことはそんなに難しいことではなかった。以下では、このような調査を順調にしていた当時の条件とは何だったのかについて検討してみたい。というのも、フィールドワークはその同時代の雰囲気やそれを支える支配的な価値観に大きく作用されるものであり、ともすればそこから取得したデータが同時代のリアリティを実体化してしまう——つまり調査が現実をつくる——という、調査と対象の逆転現象が生じてしまうからである。

　たとえば筆者が別に取り組んでいた被差別部落の若者の調査の方はとても難航していた。その理由としては社会的風潮の影響が大きい。在日の調査と同様に、運動団体である部落解放同盟（解同）や全国部落解放連合会（全解連）に連絡を取り、若者の調査へと展開していく目論見であった。ところが、2002 年 4 月には同和対策事業は終焉を迎え、特別対策から一般対策へと移行しており、運動の活気は弱まっていた。全解連に象徴されるように、部落問題は解消したという認識のもとに、人権一般の問題として捉えるような社会的風潮が形成されていった（同組織は 2004 年に全国地域人権運動総連合に改称）。両組織の専従職員や運動に携わっている若者たちと話をしても、なかなか被差別部落と差別・排除をめぐる現代的なリアリティについて語るような機会は生じなかった［川端 2012a］。そして何よりも、調査は雪だるま式には進まなかったのだ。それは本質的には部落差別の「わけのわからなさ」［三浦 2009］に起因したものであり、部落差別とは地域社会で生活する人びとの観念のみに存在しているのであり、一歩当地を出て生活したならば制度的な差別・排除は存在しないのである。さらには、以上に述べたような政治・社会的な風潮が、若い当事者たちを部落差別の問題には引きつけなかったのだろうと考えられる。このことは部落差別が解消したことを意味するものではない。しかし、地域社会における差別・排除のフィールドワークという枠組みにおいては、結果的に存在しない問題として周縁化してしまうのである。

これに対して、在日の若者たちからは自らの出自に向き合うことはとても重要であるという雰囲気を強く感じることが多かった。被差別部落と同様に、衣食住の相互扶助的な機能としてのコミュニティは混住化／個人化を通じて溶解しているものの、国籍という制度的な差別構造を抱えているために、在日という問題は回避することができないものである。

　また、グローバル化といったマクロな政治・経済・文化的な動向は彼／彼女らの帰属意識の形成に大きな影響を与えていた。分断された「祖国」の一方である韓国のグローバル化時代へと対応した文化戦略は、彼／彼女らにとってエンパワメントとして機能していた。筆者がインタビュー調査した多数の在日の若者たちも、日本社会の韓国に対するイメージの上昇が彼／彼女らの自尊感情に肯定的な感覚を与えていると語った。

　たとえば、筆者がインタビュー調査した在日3世の石川綾子（1974年生まれ　韓国籍）は、自分が在日であるということを隠して生活してきた。知人や同僚との会話のなかで、彼女の本名が掲載されている運転免許所の話に会話がおよぶと、「とにかく免許の話はやめて欲しい」とただ我慢するしかないような状況だった。韓国に行きたいと思ったことも一度もなかった。ところが、1999年に劇場公開された『シュリ』がヒットすると、韓国への好奇心が芽生えてきた。2003年7月には初めての韓国旅行にも出かけた。この韓国映画ブームは、『冬ソナ』とともに韓流ブームへと展開していくことになる。また、筆者が調査を開始した2002年には日韓共催ワールドカップが開催されたこともあり、日本における韓国のイメージが大きく変容したこともあった。

　このような韓流ブームに連なる社会的風潮は、筆者が在日の調査を進めていくうえで同時代的な追い風となったのだ。この結果は、同時代の社会的風潮によって周縁化されている被差別部落の調査と比較すると対照的なものである。当然、そのような社会的風潮は、それに付随する事象を社会問題として形成していく。つまり、韓流ブームによってエンパワメントされることによって、在日の若者たちにとってエスニック・アイデンティティは肯定的な意味を帯びることが社会全体へと還流していくのである。ゆえに、在日の若者をめぐる新たなる帰属意識の形成や差別・排除といっ

た事象が社会問題として可視化されるのである。
　今日の在日をめぐる関心が高まる同時代的な追い風のなかで調査することは、フィールド調査を進めていくうえでは好都合のものである。しかしまた、同時代的な社会的風潮というものは、調査者を過度にその時々の状況に埋め込むために、調査を通じて観察・分析することがそのような社会的文脈を実体化することに寄与してしまう危険性もはらんでいる。つまり、グローバル化という同時代感覚によって形成された韓国のソフトパワー戦略の展開やその背後にある価値・規範までをも肯定することに結びつくことになる。このことの問題は、そのようなソフトパワー戦略とは対立的な価値観や人びとの存在を不可視化するように機能してしまうことである。たとえば、2002年の小泉元首相の北朝鮮訪問と拉致事件の発覚以降、日本社会における北朝鮮のイメージは極度に悪化し、朝鮮学校に通う子供たちに対する暴力やいやがらせが生じた［在日コリアンの子どもたちに対する嫌がらせを許さない若手弁護士の会 2003］。ただしそのような価値観に対する批判的な視点は、上述した綾子がエンパワメントされるような価値観とは相容れるものではない。また、韓流ブームとコインの表裏関係にある「嫌韓流」や「在特会」による極端な排外主義との結びつきが問われないことになる。よって、同時代的な価値観を肯定することを内包した価値観やそれを伴ったフィールドワークは、フィールドのリアリティの多様性を捨象する可能性を強く帯びている。同時代的な事象の詳細を分析するような手法は一見、メディア的な表象や一般的な社会認識との相性も良いゆえに、フィールドで生じるリアリティを捉えているように映るかもしれない。しかし実はもう一方で、フィールドで生じるリアリティを知識として本質化することによって固定化する作用を及ぼしているのである。そのような理論とフィールドの往還によって形成される知識とは、同時代的な感覚によって肯定化される一過性のものであり、より踏み込んだ当事者たちの日常的リアリティとは乖離していくのである。むしろ、同時代的な状況が可能とする社会調査から導かれるカテゴリーを自明のものとして理解するのではなく、フィールドワーカーが調査する過程で出会う様々なリアリティが交錯する混淆的な状況へと目を向けてフィールドの地図を描

き出す必要があるだろう。

3　フィールドの動態性と混淆性

3-1　「流れ」と「渦」

　同時代的な感覚を肯定することによってフィールドを描き出すことは、そこで生活している人びとの動態的な営みを現状肯定的＝静態的に捉えることに陥ってしまう。この場合、人びとは場所の持つ同時代的なイメージに従属し、彼／彼女らの日常的実践の営みは後景化してしまう。たとえば再開発やまちづくりといった、グローバル化によって促進される地域のイメージ戦略の背景にある場所の論理においては、地域間の差異が魅力として外部に発信するために定式化されている。あらかじめ地域のイメージには差異が定式化されているゆえに、実際の場所においての人びとの無数の営みはその内部に埋め込まれることになる。ここに、地域と人びとの関係性の逆転現象を見て取ることができる。

　そもそも地域とは、人びとの日常的実践が営まれる場所が幾層にも交錯するなかで成立しているものである。ただし、戦略的な地域イメージにおいては、現実とは乖離した均質的で非流動的な地域が設定される。このような資本の論理によって形成された地域イメージをめぐる社会的な合意に依存するのではなく、フィールドワーカーが実際に歩き、観察し、思考する時空間を動態的に捉えるためには、地域というものをいかに捉えることができるだろうか。

　ここでその一つの手がかりとしてみたいのは、テッサ・モーリス＝スズキの提唱する「流れ」と「渦」という地域を捉える発想である。モーリス＝スズキは、「反地域研究」（Anti-Area Studies）という立場から「「地域研究」が切り開いた理解のための空間的枠組み——すなわち「地域」という発想——が、現代の世界システムの性格を、可視的で理解可能なものにするよりも、ある面では障害となっている」と述べている［モーリス＝スズキ 2000=2005］。彼女によれば、地域研究（Area Studies）におい

て地域は、物理的地理と環境に包含され共有された文化によって定義される空間として静的な認識から理解されてきた。これに対して彼女が提唱する「液状化する地域研究」という視座における地域とは、旅行や通商やコミュニケーションといった人間の活動によってのみ存在し、地理的な基層に埋め込まれた固定的なものではなく、絶え間ない運動や変化によってのみ形作られる噴水のようなものである。ゆえに、地域という領域を確定する地理的な境界や文化を形成する環境条件を探求することから始めるのではなく、人間の相互作用に関わる二つの要素に注目する必要性があると説いている。その二つの要素とは、社会的集団同士を結びつける人やモノや観念の動きである「流れ」と、その複数の「流れ」が交じり合う場所としての「渦」である。モーリス＝スズキによれば、そこは社会的および文化的な相互作用が渦を巻いているような場所である［モーリス＝スズキ 2009］。ここに公定言説における地域イメージによって包摂／排除されるという二元論に回収されることのない、場所と人びとの営みを捉える地平を見出すことができるだろう。つまり、同時代的な感覚＝「流れ」を地域イメージと連続的に結びつけて固定化するのではなく、人びとの営みが複雑に交錯する「渦」として理解することが可能となる。

　たとえば綾子の例について検討してみれば、ふだんは在日の少ない地方都市の郊外的環境において通名で生活しつつも、韓流という「流れ」によって自らのエスニックなルーツと交渉することが可能となったが、もう一方で「嫌韓流」と対立することになり、また北朝鮮バッシングを肯定するという文脈に立脚しているという、いくつもの「流れ」が交錯している「渦」のなかで生活している状況が明らかになる。このように理解すると、彼女は「韓流ブームで在日としての自尊感情が肯定的になった地方の在日」といった固定化されたカテゴリーに従属する事例なのではなく、いくつもの社会的潮流やそこに秘められたイデオロギーが交錯するなかで帰属意識を形成していると捉えることができるだろう。そのような営みのリアリティは、グローバル／ローカルといった二元論からは不可視化される領域であり、この次元における彼女の動態性を描き出すことによって今日の在日をめぐる差別・排除のフロンティアが見えてくるのである。

では、実際にこの「渦」という地域を動態的に捉えるための概念を、フィールド調査で訪れ、エスノグラフィによって記述される人びとの関係性やそれが営まれる場所とその時空間を捉えるためにいかに導入することができるだろうか。そこで次節では、マイノリティ集団を理解するときに準拠する時空間的なカテゴリーであるエスニック共同体という静態的な枠組みを、動態性という観点から捉えなおしていくことを検討してみたい。

3-2　エスニックな「渦」と「境界域」

　すでに述べたように、在日の調査を進めていくなかで、居酒屋で出会った在日の若者たちに紹介してもらい、多数の在日の若者に出会うことになった。民族系組織に関係している人びとの調査をしていると、先述した駅前の旧集住地域や民族系組織の事務所、岡山市藤田と倉敷市水島にある岡山朝鮮初中級学校、インフォーマントの知り合いが経営している飲食店など、まさにエスニック共同体の存在が浮き彫りになってくる。しかし在日の若者調査を進めていくにつれて、彼／彼女らの自宅に訪問することも多くなると、彼／彼女らはエスニック共同体からは遠く離れた非集住的な環境で生活していることも明らかとなっていった。在日共同体の溶解に伴い、彼／彼女らの帰属感覚（Sense of belonging）や差別・排除の経験も個人化の影響を受けて変容していることが明らかとなっていった［川端 2010a, 2012b］。

　そのような傾向を物語る象徴的なエピソードがあった。それは、倉敷市水島にある岡山朝鮮初中級学校で教師をしている李永徹（1975年生まれ　朝鮮籍）を訪ねて、朝鮮学校の授業を見学させてもらったあとの放課後のことである。永徹ともう1人の女性教員と在日の家庭訪問に帯同させてもらったのだった。この家庭訪問の目的は、生徒数が年々減少する朝鮮学校への入学や朝鮮語教室への参加を促すことだった。水島から自動車で30分くらい走り倉敷市の郊外の小規模な住宅街の一角に、ある在日の家族は生活していた。ただし、表札には日本名が掲げられ、近所には在日であることを隠して生活しているようだった。母親が出てきたが朝鮮学校に通う年頃の子供は出てくることなく、永徹が10分ほど話をしてみたものの良

い反応を得ることはできなかった。永徹によれば、そのような人びとのなかには北朝鮮の拉致事件への関与が発覚してから、朝鮮学校に良いイメージを持っていない人たちもおり、迷惑そうな態度を示す者もいるそうだ。つまり、この在日の家族は、北朝鮮バッシングという「流れ」や非集住的な環境において通名で生活するという環境が結びついた「渦」のなかを生きているのである。

　ただし、このような在日共同体の溶解を象徴するある在日家族の生活風景は、在日の「自然消滅」を意味するものではない［坂中 1999］。そもそも、在日共同体そのものが、朝鮮半島の植民地化、日本の敗戦、冷戦構造による南北の分断という「流れ」を通じて、地域における人びとの関係性や対立のなかで成立した「渦」のようなものだったのだ。そして戦後の高度経済成長は在日たちにも経済的なメリットをもたらし、新しい「流れ」のなかでより良い生活環境を求めて郊外へと散らばっていったのだった。たとえばダイアローグ岡山がイベントをおこなってきた旧岡山朝鮮初中級学校は、1946年に岡山市の中心市街地に岡山朝連学校として開校し、帰国船事業に伴い学生数が増えた1956年にはより郊外にある岡山市東古松に移設され、さらに1974年には現在も旧校舎が残る干拓地である岡山市藤田へと移設されてきたのだった。藤田の旧キャンパスは日本の公立学校と同じような鉄筋コンクリートの3階建てであり、高度経済成長の恩恵を受けた在日の人びとによる寄付によって設立されたものだ。ただし学生数の減少に伴い、2000年4月には、より集住性が高い水島にある倉敷朝鮮初中級学校と統廃合することになる。このような状況下において、かつての集住地域が「渦」だったとするならば、それは「消滅」したというよりも、新たなる「流れ」と交渉するなかで「渦」を形成していったに過ぎない。たとえば、筆者がこれまで聞き取り調査をした在日の若者たちの多くは非集住的な環境で育ってきたが、そのことは彼／彼女らにとって在日というエスニシティの消滅を意味するのではなく、むしろ自らの帰属意識へと回帰していくことへと結びついていくことが明らかとなった［川端 2010b］。

　しばしば指摘されるように、そのような今日の在日の帰属意識やエスニ

シティへの回帰のきっかけとなる差別・排除の経験というものは、かつてのスティグマ化されたエスニック共同体や差別的な構造に対抗するためのアイデンティティ政治によって構築されてきた在日の主体とは乖離してきているのが現状である［金 1999］。そしてまた、フィールドワークを含む社会調査は、そのようなアイデンティティ政治における抵抗の論理と互酬的な関係性のなかで在日の主体を構築してきた。ただし、今日の流動的な「渦」のなかにいる在日たちの混淆的なリアリティについて考察するとするならば、エスニックなカテゴリーやアイデンティティ理論によって固定化されてきた境界線は再度検証する必要がある。そのためには、フィールドワークによって実体化される在日というカテゴリーをエスニシティという集団性を規定する境界線によって自明視するのではなく、エスニシティに集約されない現代社会的な環境によって生じる複数の社会的変数が交錯する「境界域」として捉える必要がある［ロサルド 1993=1997］。

　たとえば、先述した駅前の居酒屋は、地方の小規模な在日の集住地区にある韓国居酒屋というカテゴリーに収まりきるものではない。店のメニューに目を向ければ、チジミ、キムチチゲ、テンジャンチゲ、チャプチェ、ビビンパ等の「韓国料理」であることを容易に想像させるメニューが並ぶとともに、シソ巻きアジフライ、コロッケ、茄子の煮浸し、キンピラ牛蒡、イカアスパラ炒め、アサリの酒蒸しなど、日本の家庭料理の定番も存在している［川端 2012b］。このように、フィールドの境界とは混淆的な要素を紡ぎだす人びとの関係性が幾層にも重なり合った場所であり、ここに社会的潮流を実体化するような場所や人びとの営みを描き出すのとは別のオルタナティヴなフィールドという時空間の記述の方向性を見出すことができるだろう。

　ただし、オルタナティヴな時空間としてのフィールドにおいて見出される混淆性もまた恒常的なものではなく、調査者／対象者や場所の関係性の変化に伴って変容していくものである。なぜならば、ここで筆者が到達するに至ったフィールドの混淆性という認識は、特定の問題意識を抱えた調査者の認識枠組みによって支えられたフィールド調査という、短期的な時間の流れのなかで形成されたものだからである。より長期的な時間的な認

識に立てば、つまりこれまでのフィールドワークそのものを相対化して再解釈するならば、フィールドの混淆性とは何かという問いは、また別の問いを導き出すのである。そして、まさにこのことを筆者に突きつけたのが、フィールドワークの初期の段階において重要な役割を果たしたダイアローグ岡山でのイベントでの出来事やそこから考えさせられたことなのだった。

4 フィールドは問う

4-1 フィールドが変わる

　2010〜2012年、ダイアローグ岡山では県内外の研究者・現代美術家・映像作家を中心に旧岡山朝鮮初中級学校を利用した朝鮮学校ダイアローグというイベントをおこなった。そのテーマは、地域社会のなかで不可視化されている在日をめぐる記憶をアートや映像と結びつけて表現するというものであった。朝鮮学校やそこへ通った在日の写真展示や、現代美術や映像作品の展示、在日のヒップホップ・ミュージシャンであるKPのワークショップ、チャンゴのパフォーマンス、社会学者を中心とした研究者や朝鮮学校と近隣の日本の小学校校長によるトークイベントなどがおこなわれた。筆者は、このイベントそのものは大変意義深いものであったと感じたが、それと同時に調査者としては漠然とした不安のようなものを強く感じたのだった。
　その第一の理由は、2003年から続けているダイアローグ岡山の活動の集大成でもあるイベントはもはや、筆者の研究調査の関心とは深く結びついていないことを気づかされたことだった。かつて雪だるま式調査の動力源となったイベントでの新たな在日との出会いからは、新しい問題意識の芽を発見することができなかった。実際に、イベントで出会った在日のインタビュー調査をおこなうということはなかった。そのこととも関連しているが、第二の理由としては、かつてイベントをともにつくりあげた在日の友人たちの姿はもうそこにはなかった。つまり、イベントの集大成やそ

写真1　旧岡山朝鮮初中級学校

　の変遷を共有する人びとが不在だったのである。この二つのことが示しているのは、第一に、フィールドというものは対象者との相互関係において成立しているものであり、第二に、そのような相互関係の不在が意味することは、フィールドという想像上の時空間がすでに変容しているという事実である。このことによって筆者は、自らの学術的な関心や理論的枠組みに過度に照準を合わせて在日を理解していたことに気づかされるとともに、そこに不在な人びとの営みが継続して存在していたという事実にも気づかされてしまったのである。

　すなわち、フィールドそのものが、「流れ」のなかで常に変容していたのであり、それに伴い調査者／対象者や場所をめぐる関係性はすでに変化していたのである。この気づきは、筆者自身が研究調査の枠組みとして設定していた在日の「若者」と「エスニシティ」を短絡的に結びつけて静態的に理解してきたのだという認識へと導いた。そしてまた、筆者自身も研究調査や日常生活を継続するなかで変化していたのである。かつての調査対象者はもはや若者ではないし、彼／彼女らの抱える問題もエスニシティに集約されるわけでもない。結婚、離婚、子育て、転職、引っ越し、病気

等々、様々な人生の経験を経るなかで、エスニシティに集約されないジェンダーや階層といった社会的変数との交錯へと問題の領域は移り変わっているのである。そして何よりも、対象者の人びとはかつてと同じ地理的な空間で生活しているわけではないし、筆者自身も西宮市へと生活の拠点を移したのである。では、筆者のフィールドから消え去った在日の若者は、いまどこで、どのような現実のなかで生活しているのだろうか。彼／彼女らの現在を追跡することによって、今日の在日をとりまく「流れ」と「渦」が明らかになるとともに、これまでエスニシティの問題として理解してきた在日をめぐる問題を新たなる解釈をもって捉え返すことが可能になるのではないだろうか。筆者からは見えなくなっている在日たちの追跡調査は今後展開していく予定なので、本稿ではそのすべての展開を十全に論じることはできないが、以下では筆者がフィールドワークを展開していくうえでキーパーソンとなった昌浩のその後を追跡することにしてみたい。

4-2 在日の「若者」の軌跡とフィールドの再解釈

その後の昌浩の生活には大きな変化があった。2007年には実家で酒屋を営んでいた父親が亡くなった。そして翌年には岡山市内で看護師をしていた日本人の女性と結婚することとなった。民団の青年会長の役割も次世代へとバトンタッチした。同年に岡山市の嘱託職員の雇用期限の終了に伴い、神戸にある韓国領事館での職を得たので家族で神戸へと引っ越した。2012年の夏には韓国領事館での仕事も辞し、現在は外資系の保険会社で営業の仕事をしている。4歳の男の子と1歳の女の子の父親である。

彼が熱心に青年会の会長としていた奔走していた10年前、彼が関心を抱いていたのは、自分の家族や親戚以外には在日の知人がいなくて、非集住的環境で生活するなかで自分自身の帰属意識に向き合っている彼が「隠れ在日」と呼ぶ人びとだった。彼自身、かつて通名で過ごし「隠れ在日」だったという認識があり、そのような人びとにとって励みになるようなネットワークを形成したいと願っていたのだった［川端 2012b］。もちろんこのような関心は筆者と彼が共有していたものでもあるので、そこには筆者の関心もまた投影されていた。筆者は、そのような「隠れ在日」が経

験している日常的な差別・排除の経験やまたそれを乗り越えるための戦術について考察することが、現代社会における不可視化された差別・排除のフロンティアであると考えていた。在日の若者らが孤立した環境のなかでどのような日々を過ごしているのか、どのようにエスニシティを育んでいるのかという姿を 2 人で共有していたといえる。

　ただし、昌浩の生活も大きく変わり、在日の若者のエスニックな帰属意識について考えるという時間はずいぶんと減った。そして何よりも、彼自身がすでに若者ではなくなっていったのだった。かつての在日の「若者」の「エスニシティ」という関心は、「夫婦関係」「仕事」「子供」といったより個人的なものへと移っている。現在の彼の関心は、パートナーである日本人の妻との関係性であり、彼女の家族との関係性、さらには妻と彼の母との嫁姑関係を潤滑にしていくことへと注がれているようだ。そしてまた、子供たちと快適に過ごすために神戸市内でマンションも購入した。当然住宅ローンがある。神戸に引っ越した当時に勤務していた韓国領事館の仕事も身分的に安定したものとはいえず先も見えない状況だった。そのなかで、在日の友人に誘われて外資系の保険会社へと転職することとなった。彼が配属されたのは○○○ diversity という在日を中心としたユニットである。diversity という言葉に秘められているように、在日を中心とした営業の人脈を運用して市場を開拓することが求められていた。将来の経済的な見通しを考えての選択だったのだろう。ただし、営業を中心としたこの仕事はかつてとは比べものにならないほど忙しい。出張で 2 週間くらい家を空けることもある。看護師の仕事を休職し、2 人の育児に追われる妻と衝突することもある。疲れて深夜にようやく自宅マンションに辿り着くと、台所で洗い物の山が出迎えてくれることもある。このように、彼の現在の生活の関心事は、若者のエスニシティや帰属意識とは遠く離れて、日常生活にどっぷり浸かるなかで形成されているものである。

　しかしこのことは、かつて彼が情熱を持って取り組んだ青年会の活動と切り離されたものではない。「隠れ在日」について考え、同じような境遇の在日の若者たちと培ってきたものが、日常生活の実践を通じて展開しているだけのことである。実際に彼の自宅マンションには彼の民族名と妻の

日本名の両方が掲げられているし、保育園に通う息子も、両方の名前を用いている。彼のこれまでの経験と妻との関係性を通じて、日常の忙しさに追われながらも、日本社会に根強く残る差別・排除への抵抗が展開しているのである。その証左として、彼の息子は隠れていない。ただし、そのような実践は、いわゆる「ダブル」[3]である息子や娘たちとの関係性、さらには彼／彼女らの社会や人びととの関わりのなかで、また新たなる困難を乗り越えていくなかで継承されていくものである。それがどのような方向性になるのかは、誰にもまだわからない。そしてその展開——「流れ」と「渦」——の動態を追い続けるなかで思考していくことが、人びとや地域をめぐる静態的な理解に対して、調査者／対象者・対象地域をめぐる動態性を捉え続けていくための、もうひとつのフィールドワークの方法であるといえるだろう。

5　おわりに

　以上、本稿では筆者がこれまでおこなってきた10年間のフィールド調査の軌跡を振り返ることで、フィールドやそこで生活する人びとを動態的に捉える方法を模索してきた。ここで明らかとなったのは、第一に、フィールドに立ち現れるテーマを可能としている条件、つまり調査者そのものを埋め込んでいる同時代性に自覚的であることの重要性である。同時代性を肯定するようなフィールドワークは、資本の論理やメディア表象によって可視化される現実を肯定的に捉えることによって、そこからは不可視化される領域を考察することができないことを指摘した。むしろ、実際にフィールドワーカーが経験するのは一般的な社会表象とのズレや矛盾なのであり、そこにフィールドが問いかける知的なインスピレーションの源があるはずだ。第二に、雪だるま式の調査の困難について検討した。雪だるま式調査において当初設定されたテーマは、実はその展開のなかで変容しているのであり、調査者／対象者や対象場所との関係性の変化を捉えつつ研究調査枠組みやキーワードを問い直す必要があることを指摘した。

フィールドが変化するという動態的な認識に立つならば、その変容こそが調査者の認識枠組みへと絶えず問いかけているのだと理解することができる。第三に、ここには筆者の今後の課題も含まれるが、研究対象者を継続的に追跡してみることで、自分が最初に設定した研究調査の枠組みの変容を通じて、ある時流のなかで社会問題として焦点化される問題がいかに変容して、また越境して他の社会問題と結びついて展開しているのかを考察することが可能となる。ここに、固定化されたフィールドという時空間の認識枠組みやエスニシティや帰属意識といった特定のディシプリンや研究テーマに拘束されることなく、動態的に展開するフィールドでの出来事を越境的に理解していくための地平も開けてくるだろう。フィールドからの知的問いかけに対する調査者の答えが可視化された現実や知的流行を肯定するだけに留まるならば、もとより野外になど出かける必要はない。可視化された現実やそれを支える知識やテキストを問い直すこと、それがフィールドワークの最大の武器なのだ。

＊本稿に登場する人物名はすべて仮名である。

■注
1 ダイアローグ岡山の活動については、以下のホームページで紹介している。http://www.artdialogue.jpn.org/index.html
2 岡山駅前町周辺の在日共同体の変遷については、『岡山民団四十年史』を参照した。
3 在日ダブルをめぐる問題が浮上してきたのは、1980年代半ば以降の社会運動の文脈である。1985年、日本国籍を取得した在日やダブルの人びとを中心に、「民族名をとりもどす会」という市民グループが結成される。彼／彼女らは、法的には間違いなく日本国籍であるが、民族は朝鮮人であると主張した。この主張は、日本社会に向けられたものであると同時に、国籍が異なれば「同胞」ではないという思考を持つ同じ在日に対して向けられていたものであった。同会のメンバーたちは1982年頃より集会や学習会を重ね、「全国で孤立している日本籍者の輪を広め、連帯した闘いをする

こと、次に当面の課題として戸籍名を民族名にとりもどす申し立てを起こすこと」を目的として活動を開始していた。ただし、この運動結成時にはダブルという言葉は使用されておらず、「「混血」日本籍者」と「「帰化」日本籍者」を統合するものとして「日本籍朝鮮人」という表記が用いられている［民族名をとりもどす会編 1990］。ダブルという言葉は 1990 年代半ばごろには散見され、後述する同会の活動を継承していったパラムの会において日本籍朝鮮人とは別のカテゴリーとして立ち上がっていったことを確認することができる［安田 1997: 12-14; 曺理沙 1997: 2-4］。このような、既存の在日の政治的文脈において、周縁的な位置に立たされていた人びとが、ダブルという言葉を自分たちについて語る拠り所として用いるようになったのである。李洪章は、韓国・朝鮮籍の維持や「純血」であることを事実上の成員条件とする既存の在日朝鮮人運動に対して、多様性・異種混淆性に焦点をあてたこのような運動の試みを「新しい在日朝鮮人運動」と定義している［李 2008］。つまり、ダブルという政治的主体は、在日のポスト・アイデンティティ政治をめざす取り組みにおいて生じてきたカテゴリーであることを確認することができる。

【参考文献】

曺理沙、1997、「ダブルとして生きる」『京都版全朝教通信』19 号。
川端浩平、2010a、「スティグマからの解放、「自由」による拘束 —— 地方都市で生活する在日の若者の事例研究」『解放社会学研究』第 21 号、83-100 頁。
——、2010b、「岡山在日物語 —— 地方都市で生活する在日三世の恋愛・結婚をめぐる経験から」岩渕功一編著『多文化社会の〈文化〉を問う —— 共生／コミュニティ／メディア』青弓社、116-145 頁。
——、2012a、「不可視化されるマイノリティ性 —— ジモトの部落、在日コリアン、ホームレスの若者たちの研究調査をめぐる軌跡から」『解放社会学研究』第 25 号、91-112 頁。
——、2012b、「二重の不可視化と日常的実践 —— 非集住的環境で生活する在日コリアンのフィールドワークから」『社会学評論』250 号、203-219 頁。
金泰泳、1999、『アイデンティティ・ポリティクスを超えて —— 在日朝鮮人のエスニシティ』世界思想社。
李洪章、2009、「「新しい在日朝鮮人運動」をめぐる対話形成の課題と可能性 ——「パラムの会」を事例として」『ソシオロジ』第 54 巻 1 号、No. 165、87-103 頁。
民族名をとりもどす会、1990、『民族名をとりもどした日本籍朝鮮人 —— ウリ・イルム』明石書店。
三浦耕吉郎、2009、「「部落」・「部落民」とは何か？」好井裕明編『排除と差別の社会学』有斐閣、263-279 頁。

Morris-Suzuki, Tessa, 2000 "Anti-Area Studies", Communal/Plural 8(1): 9-23: (=テッサ・モーリス＝スズキ、2005、伊藤茂訳「反地域研究――アメリカ的アプローチへの批判」『地域研究』vol. 7、No. 1、人間文化研究機構国立民族学博物館地域研究企画交流センター、68-89頁。

――、2009、「液状化する地域研究――移動のなかの北東アジア」『多言語多文化――実践と研究』vol. 2、4-25頁。

岡山民団四十年史編纂委員会、1987、『岡山民団四十年史』在日本大韓民国居留民団岡山地方本部。

Rosaldo, Renato. 1993, *Culture & Truth: The Remaking of Social Analysis*, Beacon Press. (=レナート・ロサルド、1998、椎名美智訳『文化と真実――社会分析の再構築』日本エディタースクール出版部)。

坂中英徳、1999、『在日韓国・朝鮮人政策論の展開』日本加除出版。

安田直人、1997、「パラムの会を結成して」『京都版全朝教通信』20号。

在日コリアンの子どもたちに対する嫌がらせを許さない若手弁護士の会編、2003、『在日コリアンの子どもたちに対する嫌がらせ実態調査報告集』在日コリアンの子どもたちに対する嫌がらせを許さない若手弁護士の会発行。

【執筆者紹介】 (執筆順)

山口　覚 (やまぐち　さとし)
関西学院大学文学部教授。博士（地理学）。専門は、社会地理学、都市生活、移住。これまでは農山漁村から都市への出郷者を主な対象とし、集団就職のような人々の移動形態や都市でのパーソナル・ネットワーク、アイデンティティの編成に関心を持ってきた。最近では系図学（先祖調査）の世界的なブームについて調べている。超高層マンションの増加に見られるような近年の都市景観・建造環境の変容にも関心がある。主な著書は『出郷者たちの都市空間──パーソナル・ネットワークと同郷者集団』（ミネルヴァ書房、2008年）など。

中川加奈子 (なかがわ　かなこ)
関西学院大学先端社会研究所・専任リサーチアシスタント。関西学院大学社会学研究科博士課程単位取得満期退学（2007年）、博士学位キャンディデート認定取得（2012年）。専門は、文化人類学、社会学、ネパール地域研究。論文に、「食肉市場の形成とカースト間関係の変容──カトマンズ盆地における『カドギ』の商実践を中心に」（『南アジア研究』23号、日本南アジア学会、2011年）、「地域文化の再編成における媒介者の役割──滋賀県豊郷町の江州音頭を事例として」（『ソシオロジ』51 (2)、社会学研究会、2006年）など。

鈴木晋介 (すずき　しんすけ)
関西学院大学先端社会研究所・専任研究員。筑波大学大学院博士課程歴史・人類学研究科単位取得退学（2004年）、博士（文学）（2011年、総合研究大学院大学）。専門は文化人類学。フィールドはスリランカ。日本の青果物流通も主要研究テーマ。主著は『つながりのジャーティヤ──スリランカの民族とカースト』（法藏館、2013年）、『スリランカを知るための58章』（共編著、明石書店、2013年）。論文に「青果物卸売市場の「いま」と「あの頃」──新潟県長岡市の地方卸売市場における「場所性」の変容を焦点として」（関根康正編『ストリートの人類学　下巻』国立民族学博物館調査報告 No.81、2009年）など。

林　梅 (りん　めい)
関西学院大学先端社会研究所・専任研究員。関西学院大学社会学研究科博士課程後期課程修了。博士（社会学）、2012年。専門は村落社会学、少数民族研究、社会調査。主な論文は「墓地をめぐる行政の力と村の意志」（『ソシオロジ』第173号、2012年）、「国境を越えた労働移動に伴う村落における『留守』の仕組み」（『日中社会学会』第18号、日中社会学会、2012年）など。

川端浩平（かわばた　こうへい）
関西学院大学先端社会研究所・専任研究員。オーストラリア国立大学アジア学部アジア社会・歴史センター博士課程修了、Ph.D.（2006 年）。専門は社会学、日本研究（Japanese Studies）。関西学院大学大学院社会学研究科大学院 GP 特任助教、京都大学 GCOE「親密圏と公共圏の再編成をめざすアジア拠点」研究員を経て、現職。共著に『多文化社会の〈文化〉を問う —— 共生／コミュニティ／メディア』（青弓社、2010 年）、主な論文に「二重の不可視化と日常的実践 —— 非集住的環境で生活する在日コリアンのフィールドワークから」（『社会学評論』250 号、日本社会学会、2012 年）など。

フィールドは問う
越境するアジア

2013 年 6 月 25 日初版第一刷発行

著　者	山口覚　中川加奈子　鈴木晋介　林梅　川端浩平
発　行	関西学院大学先端社会研究所
発　売	関西学院大学出版会 〒 662-0891 兵庫県西宮市上ケ原一番町 1-155
電　話	0798-53-7002
印　刷	大和出版印刷株式会社

©2013 Satoshi Yamaguchi, Kanako Nakagawa, Shinsuke Suzuki,
Lin Mei, Kohei Kawabata
Printed in Japan by Kwansei Gakuin University Press
ISBN 978-4-86283-138-5
乱丁・落丁本はお取り替えいたします。
本書の全部または一部を無断で複写・複製することを禁じます。
http://www.kwansei.ac.jp/press

※本書は、関西学院大学先端社会研究所共同研究「アジアにおける公共社会論の構想──「排除」と「包摂」の二元論を超える社会調査──」に携わる専任研究員、ＲＡ（リサーチ・アシスタント）を中心に企画・執筆されたものです。本書の刊行にあたり、先端社会研究所関係者のみなさんにご尽力いただきました。記して謝意を表します。

2013年3月　執筆者一同